読みなおす日本史

徳川幕閣

武功派と官僚派の抗争

藤野　保

吉川弘文館

まえがき

豊臣秀吉が天下を統一したころ来日したある外国の宣教師は、秀吉の大名統制について、「日本の王侯（秀吉）は、つねにこれ（大名）を移動させ、おもなる領主はかれ（秀吉）の征服した地方から他の地方に移し、なんびとも領地に根を生やすことを許さない」と述べている。

これはするどい観察である。豊臣政権に代わって天下を統一した徳川政権も、豊臣政権よりいっそう強力に大名を移動させた。江戸時代の儒者荻生徂徠は、これを「武士を鉢植えにする」しくみ、という言葉で表現した。うがった表現である。

大名を幕府の命令一つで、将棋の駒のように自由に移動させることができたのは、統一政権の力が極めて強力であったことを示している。そしてそれは、日本的な封建的進化のプログラムであった検地—兵農分離のうえに、はじめて可能であったのである。兵農分離がおこなわれなかったヨーロッパの封建社会では、国替え＝転封がなかったのは当然であり、転封が外国人の目に注意をひいたのも無理からぬことである。

まことに、幕藩体制の統一政権である徳川幕府の権力は、世界の封建王政において、類を絶するほど強力であった。本書は、徳川将軍をめぐる側近政治家の群像に照明をあて、かれらの多彩な行動様式と権力・派閥抗争の分析を通じて、強力かつ長期にわたった徳川幕府権力の基礎が、どのようにして確立していったかを、科学的歴史学の立場から明らかにしようとするものである。題して「徳川幕閣」という。幕閣とは幕府を担った最高の為政者をいう。幕府の閣僚といったような意味である。

戦後、日本近世史の研究はいちじるしい発展をとげたが、もっとも研究がおくれているのは政治史の分野である。それは、政治史を多く経済現象の集中表現という形で一面的にとらえてきたためである。そのため、政治史独自の理論が十分学問的にとらえられていないばかりか、基本的諸事実すら解明されていない問題が山積している。こうした点を念頭におきながら、私は本書の執筆にあたった。もちろん小冊子であり、〝新書〟の性格からして、そこに一定の限界があることは否めないが、可能なかぎり基本的諸事実が明らかになるようつとめ、微視的に追究して、江戸時代政治史が多少なりとも前進するよう心がけたつもりである。

近ごろ、歴史ブームという言葉をよく聞く。戦後の〝人間不在の歴史〟に対する不満と反省の結果が、今日の歴史ブームの底流だとも説かれる。〝人物史〟の盛行は、その端的なあらわれであろう。しかし、昨今流行の〝人物史〟をみると、過去の人物—英雄を、歴史を超越した人間性一般においてとらえようとする傾向がありはしないだろうか。人間を歴史的背景のなかに埋没し、単なる社会的類型としてあつかう方法が正しくないのと同様に、この方法も正しい方法とはいえない。歴史はひとりの英雄によって動かされるものでもなければ、単なる経済現象によって動かされるものでもないからである。複雑にからみ合う諸矛盾のなかで、それぞれの階級と利益を代表する人間集団の相剋を通じて人物をとりあつかうことにこそ、〝人物史〟のより正しい把握の仕方があると思う。本書の狙いはここにある。

しかし、個人の分析による〝人物史〟ではなく、人間集団―群像の分析によって政治史を画くことは、まことに困難な課題であることをあらためて痛感している。読者のご叱正を賜われば、ひじょうに幸せである。

また、家康ブームという言葉もよく聞くが、家康が時代の脚光を浴びた理由はさまざまであろう。いずれにしても、真にすぐれた組織者となるための必要条件は、いかによきブレーンをうるかということであり、かれらにそれぞれその所をえさせて、もてる能力をフルに活用し、一定の政治目標実現のため総合的な努力を傾けることにある。家康およびその後継者たちが、いかなるブレーンをえ、いかにかれらを活用して、徳川幕府という強力な統一権力をつくり出し組織していったかは、本文において明らかにされるであろう。

昭和四十年九月

藤野　保

目次

Ⅱ　家康・秀忠の側近政治

Ⅰ　武功派の時代

徳川氏と一族・譜代

軍事優先の組織

江戸時代中ごろの儒者湯浅常山の書いた『文会雑記《ぶんかいざつき》』という随筆集に、友人松崎観海の話として、

「神祖（家康）已来、キツトシタル制度ト云モノナシ。三奉行シテ天下ヲキリモリスルコト、アマリソマツノコト也。小宮山杢之進《こみやまもくのしん》ノ評判ニ、御当家（徳川家）ノ政ハ庄屋シタテ也。庄屋・名主《なぬし》・年寄トテ三職ナリ。」

という言葉をのせている。

「庄屋じたて」とは、庄屋・名主・年寄などがおこなう簡素な村政のしくみをいう。江戸幕府の政治のしくみは、こうした簡素な政治のしくみを拡大したものにすぎない、きわめて粗末なものだ、というわけである。この言葉は、いいえて当をえたものというべきであろう。一般に、江戸幕府にかぎ

らず、在地の小領主から近世大名に成長した藩の政治のしくみも、「庄屋じたて」と同じような特色をもっていた。

一世紀にわたった戦国争乱の過程で、室町幕府や守護大名などの上級権力は没落し、これに代わって、村むらの有力な名主《みょうしゅ》や土豪たちが小領主として成長してきた。徳川氏も、その出発はこうした在地の小領主にすぎなかったのである。これらの小領主は、所領の経営のために簡素な家政組織をつくったが、戦時には、それがそのまま戦闘組織となった。文字通り生活ぐるみの組織であったわけだ。そして、戦闘において武功をたてたものが、組織のなかで有力な地位を占めるしくみになっていた。

小領主の勢力がのび、戦国大名に成長しても、その組織には大きな変化はなかった。家政組織は拡大し、家老・奉行・代官などの行政事務をあつかう役方の組織ができてきたが、それは戦闘組織を民政に適用したものにすぎなかった。家老は同時に組頭《くみがしら》であり、侍大将として戦闘の指揮にあたった。そして、戦闘力を強化するために、軍事組織はいっそう整備された。寄親《よりおや》・寄子《よりこ》制というのがそれである。寄親は組頭であり、武士化した名主や服属したまわりの武士たちを寄子（与力《よりき》）・同心として組下に編入し、寄親の指揮にしたがって軍事行動をとらせたのである。

このように、戦国大名の政治のしくみも「庄屋じたて」と変わるところがなかった。そこでは、軍事職制としての番方の組織が役方の組織と不可分に結びつきながら、番方が役方に対して圧倒的優位を占めていた。領土防衛・侵略戦争が不断にくり返された戦国時代においては、当然のしくみであったといえよう。〝バターより大砲〟が重要であり、先決問題であった。そしてそこでは、制度があって人が任命されるのではなく、必要に応じて制度ができ、人があって制度がつくられていった。

では、徳川氏の「庄屋じたて」の政治のしくみは、どのようにして形成されていったのであろうか。

徳川一族のおこり

江戸幕府関係者の記録によると、徳川氏のおこりは、応永(一三九四〜一四二七)のころ、三河の松平郷にすむ松平太郎左衛門信重のところに、清和源氏の嫡流である新田氏の支族徳川氏から出たという親氏《ちかうじ》がやってきて、その養子となり、松平家を相続した、ということになっている。しかし、これはずっとのちになってつくられたもので、信ずるに値しない。

徳川氏が家康以前に、松平氏を称していたのは事実であるが、それを徳川氏にあらためたのは、三河の統一をおえた永禄九(一五六六)年で、そのときより藤原氏を称していた。それを源氏にあらためたのは、関ヶ原の役によって覇権を確立したのちであり、それは、源氏の嫡流でなければ武家の棟《とう》梁《りよう》になる資格がないという武家政治の伝統的な観念によるもので、将軍職につく名分から出たものであった。こうして、家康は、同じ三河にすみ、源氏の正しい血筋をひく吉良氏から系図をもらいうけ、藤原氏をあらためて源氏になりすましたのであり、そこには、嘘から出た誠以上の深い意味があった。

系図の詐称は、家康にかぎったことではなく、当時の流行現象であった。家康もこの流行に便乗したにすぎない。はっきりいえることは、徳川氏は、家康より八代まえの親氏よりはじまるということ、その出発は、三河地方におこった多数の土豪のひとりにすぎなかったということである。

三河の山間部松平郷より身をおこした親氏《ちかうじ》は、まず、ちかくの山中一七ヵ村を切りとって、小領主として擡頭したが、二代泰親《やすちか》は、三河の中原に進出して、岩津・岡崎の二城をかまえた。さらに三代信光《のぶみつ》は、西三河の安城《あんじょう》に進出し、ここを拠点に勢力を拡大した。

信光には、四八人の子女があったといわれているが、かれはそれらの子女を所務《しょむ》分《わ》けによって各地に分封し、あるいは、国内の有力な領主に嫁がせて血縁関係をつくり、勢力の拡大をはかった。こうしてできたのが竹谷《たけのや》松平・形原《かたのはら》松平・大草松平・五井《ごい》（御油）松平・深溝《ふこうず》松平・能見《のみ》松平・長沢松平の一族七家である。

一族子弟の分封は、その後もつづいておこなわれ、四代親忠《ちかただ》のときは、大給《おぎゅう》松平・滝脇《たきわき》松平がつくられ、五代長親《ながちか》のときは、福釜《ふくがま》松平・桜井松平・東条松平・藤井松平がたてられ、六代信忠《のぶただ》のときは、三木《みつぎ》松平がおこされた。あわせて一四家となる。

このほか、岩津松平・宮石松平・鵜殿《うどの》松平・石川松平などの諸家があり、「十八松平」と総称したが、一四家以外の四家については、諸書によって異同があった。

これら松平一族の配置の状態をみると、信光の庶流は、おもに南三河から東三河にかけて配置されたが、それは陸上交通の幹線である東海道と海岸交通の要衝をおさえる意味をもっていた。これに対して、親忠の庶流は北三河に、長親・信忠の庶流は西三河に配置され、それは松平郷から東海道に通ずる道路と矢作川《やはぎ》から西三河海岸にいたる街道をおさえる役割を果たしていた。

こうして徳川氏の勢力は、六代信忠のときまでに、矢作川流域から豊川流域にいたる三河の主要な地帯におよんでいたことがわかる。それは三河において、もっとも生産力のゆたかな地帯であり、しかも軍事・交通上の要衝であった。

これら松平一族の根拠地は、宗家の本城に対して支城の役割を果たし、前進基地としての意味をもっていた。そして、宗家とのあいだに強固な同族関係をたもちながら、徳川武士団の勢力拡大につとめたのである。徳川氏が、在地の小領主から新興の戦国大名に成長する地盤は、こうしてつくられていった。

三河譜代の形成

徳川氏の発展を可能にした一つの柱を松平一族とすれば、もう一つの柱は譜代《ふだい》の直臣団であった。譜代は、もともと徳川氏と同じように在地の小領主であったが、早くから宗家につかえ、長いあいだ宗家と運命をともにしているうちに、特別のつよい主従関係が生じたもので、宗家の忠実な直臣団であった。しかも松平一族のうちには、領主として独立する傾向をつよめ、宗家の統制から離反するものも出るような状況においては、宗家の譜代に対する期待と信頼は、ひじょうにつよいものがあった。これらの譜代は、徳川氏に服属する時期によって、松平郷譜代（岩津譜代）・安城譜代・山中譜代・岡崎譜代に分かれた。

松平郷譜代・安城譜代は、初代親氏から三代信光を経て、七代清康《きよやす》が居城を安城から岡崎に移すまでに服属したもので、最古参の譜代直臣団である。初代親氏の庶子広親《ひろちか》を始祖とする酒井氏をはじめ、本多・大久保・内藤・鳥居・平岩・石川・青山・阿部・成瀬《なるせ》・渡辺・植村の各氏が、これに含まれる。

山中譜代は、大永四（一五二四）年、七代清康が一族松平信貞の反抗をおさえるために、居城を安城から岡崎に移したさい服属した信貞の家臣をいう。清康が信光いらい五代つづいた安城を去って、居城を岡崎に移したのは、主観的には、宗家の統制から離反しようとする一族をおさえるためであったが、客観的には、尾張に織田氏が擡頭して、西への進出を阻止されたためであった。こうして、織田氏の西進策とは逆に、清康の東進策が決定し、それは徳川氏の伝統政策として、家康にうけつがれていく。

岡崎譜代は、七代清康の岡崎入城から、八代広忠《ひろただ》を経て、九代家康が居城を岡崎から浜松に移すまでに服属したもので、そのなかには、榊原《さかきばら》・松井・高力《こうりき》・伊奈・天野・安藤・永井・久世《くぜ》・米津・大岡の各氏のほか、清康の東三河平定のさい服属した牧野・戸田・奥平・菅沼の各氏が含まれていた。

これらの各譜代から、徳川武士団の中核をなす三河譜代が成立していったが、かれらはのちに江戸幕府の柱石となる譜代大名や旗本の原型をなすものである。しかも岡崎時代になると、松平郷譜代・安城譜代のうち、酒井・本多・大久保・内藤・石川・渡辺の各氏は、それぞれ複数系にひろがり、譜代直臣団の数はいちじるしく拡大し、宗家の松平一族に対する圧倒的優位が確立された。徳川氏は、こうして成立した三河譜代とかれらの忠誠に支えられて、戦国大名への発展をとげるのである。

三河時代の政治組織

直臣の苦闘と忍従

徳川氏は、天賦の英才をそなえた清康をいただきながら、譜代直臣団に支えられて、順調に三河の経略をすすめ、享禄年間（一五二八〜三二）には、三河一国をほとんど平定した。しかし、徳川氏の面前には、大きな力が立ちはだかった。尾張の織田氏と駿遠の今川氏の擡頭である。徳川氏の三河経略の進行とはうらはらに、両氏との抗争は、一段とはげしさをくわえてきた。清康は享禄二（一五二九）年、機先を制して尾張に侵入し、岩崎・品野の二城を略取したが、天文四（一五三五）年、織田氏と交戦中、部下の阿部弥七郎に斬殺されてしまった。いわゆる〝森山崩れ《もりやまくずれ》〟である。清康は二十五歳の若さで、徳川氏の発展途上、むなしく横死をとげたのである。〝森山崩れ〟は、徳川武士団を混乱の底につきおとした。

あとをついだ八代広忠は、わずか十歳、織田氏の三河侵入と一族松平信定の反抗にあって、伊勢に亡命せざるをえなかった。伊勢亡命二年後の天文六（一五三七）年、広忠は、今川氏の援助によって、岡崎に復帰することに成功したが、今川氏の勢力は三河をおおいつくし、その支配下にあって、織田氏との抗争をつづけることになった。この間、徳川武士団も両派に分裂して、織田・今川両氏の交戦に動員されるありさまであった。徳川氏の領国形成は、ここで、まったく頓挫したのである。

その苦難にみちた人生航路を暗示するかのように、こうした最悪の政治情勢のなかで、九代家康は生まれた。ときに天文十一（一五四二）年、そして五年後には、前後一三年にわたる人質生活がはじまった。

家康を人質にとられて二年ののち、すなわち天文十八（一五四九）年には、広忠がこれまた二十四歳の若さで急死した。広忠の死は病死ではなく、これも父清康と同様に、部下の岩松八弥《いわまつはちや》に不意におそわれて暗殺されたというのが真相のようである。近臣の植村新六郎は、さきに清康の仇弥七郎を討ちとり、いままた、八弥の首をはねて、二代の仇を報じたという。

一朝にして主君をうしない、嫡子を人質にとられた徳川武士団の苦難な生活は、言語に絶するものがあった。大久保彦左衛門忠教《ただたか》は、その回想録『三河物語《みかわものがたり》』に、このときの状況を、つぎのようになまなましく伝えている。

「何れも御普代《ふだい》衆、手作《てづくり》をして、ねんぐ石米をなして、百姓同前に鎌くわを取、妻子をはごくみ、身を扶け、あらぬなりをして、誠に駿河衆と云えば、気を取り、はいつくばい、折かがみて、かたぼね身をすくめて、おそれをなしてありく事も、若《もし》いかなる事をもしいでてか、君之御大事に成りもやせんと思いて、其のみばかりに、各々御普代衆、有るにあられぬ気づかいをし、はしりめぐり、拾ヶ年に余る。」

譜代の直臣たちが、いずれも百姓同様に、なりふりかまわず、泥にまみれて自耕自作し、かろうじて生活をたてていたありさまが知れよう。今川氏の家臣に対して、気をつけ、はいつくばい、恐れをなして歩いたのも、人質にとられている家康の安否を気づかってのの忠誠心によるものであった。

徳川武士団の結集

徳川主従のこうした苦難な生活に、一大転換をもたらしたのは、じつに永禄三（一五六〇）年の桶《おけ》狭間《はざま》の戦いであった。信長が奇襲戦法によって今川義元《いまがわよしもと》をやぶったことは、かれの運命を一転させただけでなく、家康にとっても、一三年にわたる人質生活から解放される好機となった。今川軍が岡崎から引き揚げるのをまって、家康は、この年の五月二十三日、譜代の直臣たちにむかえられて入城した。広忠が急死してより一一年目にして、岡崎はふたたび徳川氏の手にもどったのである。

十八歳の青年君主家康の領国経営は、ここに本格的に開始されていく。かれの非凡な才能が発揮されるのは、これからである。家康の性格は忍といわれ、それは多年の人質生活によって培われたとも説かれる。三河の一大名から天下の将軍となり、幕藩体制を組織したその経歴は、もちろん、情勢の把握と処理との成功によるものであるが、そこに、かつての惣領と異なるかれのすぐれた個性のはたらきをみることができる。領国は、その統治経験を通じて、家康を専制支配者にしたてていくと同時に、かれに十二分の活動の舞台を提供したのである。

家康は、まず、外交関係に意をもちい、織田氏と同盟を結んで、西からの脅威をとりのぞき、清康いらいの伝統政策である東進策をとって、鋭意三河の経略をおしすすめながら、離反した旧家臣をふたたび徳川氏の家臣団にくみ込んでいった。織田・今川両氏の〝くるみ割作戦〟によって分裂した徳川武士団は、ここに家康のもとに結集しはじめ、徳川氏の領国形成の立ちおくれは、急速にとりもどされるかにみえた。ところが、三年後の永禄六（一五六三）年には、領国形成の途上、最初の大きな試練に直面したのである。三河一向一揆《いっこういっき》の勃発である。

一向一揆の試練

三河は近畿・北陸とならんで真宗の有力な地盤であった。とくに本願寺派は、矢作川《やはぎ》流域の農業生産力のすすんだ地域を地盤として、多くの末寺道場をもうけ、強固な門徒の信仰集団をつくっていた。そして、門徒のなかには、農民ばかりでなく武士も含まれ、徳川武士団のなかにも、それに加わっているものが少なくなかった。

こうした門徒集団のしくみは、家臣団を統一的ににぎって、軍事力を増強しようとする家康の領国支配の強化策と、まっこうから対立するものであった。家康は、領国形成の途上、門徒集団との対決はさけられなかったのである。

家康の家臣が、本願寺の末寺である上宮寺《じょうぐうじ》から兵糧米を強制徴発したことに端を発して、三河の一向一揆が勃発した。一揆には、反徳川氏の武士をはじめ、松平一族や譜代の家臣も加わって、その勢いはものすごく、家康も窮地においこまれるほどであった。しかし譜代のなかには、信仰と忠節との板ばさみによって、積極的な行動をとりえないものもあった。家康は、こうした一揆側のもつ弱みをみぬいて徹底的に戦いぬいた。

一揆は、翌年になって鎮圧されたが、これを契機に、家康は、一向宗の門徒組織を農民に対する支配組織にくみなおして、農民の抵抗力をおしつぶし、あわせて反徳川氏の武士を追放し、一族・譜代を強固な家臣団統制のもとにくみ入れることに成功した。このことは、家康が、徳川武士団の惣領君主から、領国の専制支配者にかわっていったことを意味する。一向一揆との対決は、若い家康にとって、大きな試練であったが、同時にそこから多くの教訓をまなびとり、その後の土豪対策や宗教政策に生かしていった。

一向一揆を鎮圧した勢いにのって、家康は、今川勢力が最後までのこっていた東三河の経略にのり出し、まもなくこれを平定した。岡崎に復帰してよりわずか四年にして、永禄七（一五六四）年には、全三河の統一に成功したのである。

三備の軍制と岡崎三奉行

三河の統一によって、徳川氏は戦国大名としての地位をきずいたが、それにともなって、領国支配のための新しい権力機構をととのえた。

酒井氏は、その祖広親《ひろちか》が徳川初代の親氏の庶子というところから、最古参の譜代としてその上席にあり、早くから家老の地位を占めていたが、家康は、東三河の平定後、忠次《ただつぐ》に吉田城をあたえて組《くみ》頭《がしら》とし、東三河の諸士をその組下に編入した。これに対して、西三河の諸士は、酒井氏についで家老となった譜代の石川家成《いしかわいえなり》（のちに数正《かずまさ》）を組頭として支配させた。この両組に、家康の馬廻りを固める旗本組がつくられ、いわゆる三備《みつぞなえ》の軍制がここに成立し、いずれも譜代上層が寄親《よりおや》（組頭）として、これを掌握する体制ができあがった。

三備の軍制の成立によって、家康は、全家臣団に対する軍事指揮権をにぎったが、これとともに、譜代の家臣を中心に、新しく与力《よりき》・同心を付属させて、その家臣とした。これを陪臣《ばいしん》といい、かれらは、のちの譜代大名の家臣団の原型をなすものであった。こうして、家臣団の中核を占める譜代たちの軍役量《ぐんやく》をつよめることによって、家康は、徳川氏全体の軍事力を強化することに成功した。

さらに、永禄八（一五六五）年には、岡崎三奉行をもうけ、譜代の高力清長《こうりききよなが》・本多重次《ほんだしげつぐ》・天野康景《あまのやすかげ》をこれにあて、民政や訴訟のことをつかさどらせた。清長は温厚で慈愛ふかく、重次は豪放であったが、廉直で決断力があり、康景は寛大で思慮にとんでいた。当時世間では「仏高力、鬼作左、とちへんなしの天野三兵」とうたって、剛柔あい助け、寛猛あいそなえた家康のたくみな人選を称賛したという。

岡崎三奉行の成立は、徳川氏の領国支配のしくみ、とくに役方の組織がととのえられ、軍政と民政とがある程度分化したことを示している。しかし、酒井・石川の両家老がそのまま組頭に任命されたことに示されるように、番方の組織が役方の組織と不可分に結びついており、両家老は、徳川軍団の最高指揮官になることによって、その地位を強化することができた。また、三備の軍制の成立、および陪臣団の組織の整備にみられるように、戦闘力をつよめるための軍事力の強化に主眼がおかれており、軍事職制の整備が中心をなしていた。

そして、松平一族も一般の譜代の家臣と同様に、寄親《よりおや》（組頭）である譜代上層の組下に編入された。これは、徳川一族としての特殊な地位が否定され、徳川氏の個々の家臣として、完全に統制されたことを示している。こうして、譜代上層を上級家臣とする家臣団の組織ができあがり、それにともなって、譜代上層が新しく城領《じようりよう》に配置されていった。

以上のように、徳川氏は、三河の統一後、領国支配のための新しい権力機構をととのえたが、小宮《こみ》山杢之進《やまもくのしん》が評した「庄屋じたて」の政治のしくみは、このようなものであった。家康は、永禄九（一五六六）年の末、従五位下、三河守に任じられたが、このとき、松平姓を徳川姓にあらためた。それは、三河の支配者としての地位を天下に宣言するためであった。家康は、おしもおされもせぬ東海道の戦国大名にのしあがったのである。ときに二十五歳であった。

徳川四天王の活躍

譜代武功派の擡頭

三河の統一後、鋭意国内の統治に専念し、領国の基礎がために成功した家康は、四年後の永禄十一（一五六八）年、いよいよ伝統政策である東進策をおしすすめて、今川氏の領国遠江《とおとうみ》の経略にのり出した。

この年の九月、家康の同盟者である信長が、西進策をすすめ、戦国諸大名にさきがけて京都入りしたことは、地方の諸大名に大きな衝撃をあたえ、かれらの活動をいっそう活潑にした。東海地方では、まず、甲斐の武田信玄が立ちあがり、今川氏の領国へ南下してきた。家康の遠江経略は、これに呼応したもので、こうして、天正十（一五八二）年まで約一五年にわたる武田・徳川両氏のはげしい抗争が開始されることになった。

時代は、小領主の局地的な争いから、戦国大名に勝ちすすんだ大領主の、大規模な領土獲得戦へとかわってきたのである。こうした政治的環境のなかでは、武功派の家臣が頭角をあらわしてくるのは当然である。酒井《さかい》忠次《ただつぐ》・石川《いしかわ》数正《かずまさ》の両組頭についで、頭角をあらわしたのは本多《ほんだ》忠勝《ただかつ》・榊原《さかきばら》康政《やすまさ》・大《おお》久保《くぼ》忠世《ただよ》、おくれて井伊《いい》直政《なおまさ》ら譜代武功派であった。かれらは、家康の信頼を双肩にになって、幾度か戦場を馳せめぐり、数々の武功をたてて、勝利への道をおしすすめた人々であった。

このうち、酒井・本多・榊原・井伊の四氏は徳川四天王といわれ、その功績は群をぬいていた。また酒井氏をのぞいた他の三氏を、とくに三人衆ともよんだ。石川氏は、酒井氏とならんで譜代の最上席を占め、その功績も大きかったが、後述のように、天正十三（一五八五）年、出奔して秀吉に服属したため、かれの名声は、一挙に葬り去られた。

物先手侍大将、忠次

四天王の一人、酒井忠次《さかいただつぐ》は、譜代の最上席を占める酒井忠親《ただちか》の次男として、大永七（一五二七）年三河に生まれた。酒井氏は、始祖広親《ひろちか》に氏忠《うじただ》・家忠《いえただ》の二子があり、氏忠の子孫が代々左衛門尉を称したのに対して、家忠の子孫は代々雅楽助《うたのすけ》（あるいは雅楽頭《うたのかみ》）を称した。忠次は左衛門尉家に属し、はじめは小平次、ついで小五郎といった。

忠次の初陣は、弘治二（一五五六）年の三河宇幾賀井《うきがい》の戦いで、織田氏の軍隊が同城を囲んだとき、これを城外に討って出て撃退した。この戦いののち、家康の出陣ごとに先鋒をつとめて武功をたてるとともに、この前後より家老の地位を占めて、三河の国事を沙汰した。永禄四（一五六一）年の信長との同盟は、忠次の発言が大きく影響した。

三河の一向一揆のときは、いち早く岡崎に馳せ参じて、石川数正らとともに、家康の先鋒として軍忠をはげみ、ついで東三河の経略にさいしては、吉田城攻略の先鋒となった。こうして、三河の平定後、家康から長年の功績を賞されて、吉田城をあたえられ、組頭として、東三河の諸士をその組下に編入した。惣先手侍大将として、石川数正とともに、徳川軍団の最高指揮官となったのである。

戦国武将、忠勝と康政

本多《ほんだ》忠勝《ただかつ》は、忠次におくれること二一年、天文十七（一五四八）年三河に生まれた。本多氏は、三河譜代のなかでは最古参の家柄で、忠勝以前すでに五家に分かれていた。忠勝は助時《すけとき》家に属し、はじめ鍋之助、ついで平八郎といった。

忠勝は、「若年よりして軍《いくさ》におもむくこと、およそ五十余度におよび、武功すぐれておおしといえども、いまだかつて創《きず》をこうぶりしことなし」とあるように、典型的な戦国武将であり、徳川軍団きっての猛将であった。

すでに早く十三歳で、尾張大高城の攻略に初陣し、永禄五（一五六二）年の三河長沢の戦いでは、叔父の忠真《ただざね》が敵兵を倒して、その首をとれと指摘すると、忠勝は「人の力を借りて功を立てようとは思わない」といって、ただちに敵陣にのり込み、首級をあげ、武勇をとどろかせた。忠真はこれをみて大いに喜び、「平八郎は胆力もあり、のちに大器となるであろう」と予言したという。三河の一向一揆では、一揆側と大いに戦い、その勇猛を家康に賞された。

永禄九（一五六六）年、家臣団の編成がえのとき、新しく与力《よりき》五十余名を付属され、戦闘力をつよめたが、これより、榊原康政らとともに御旗本先手侍大将として、活潑な活動を展開するのである。

榊原康政《さかきばらやすまさ》は、忠勝と同じ天文十七（一五四八）年三河に生まれた。榊原氏は、清長《きよなが》のとき伊勢榊原村より三河に移り、広忠の家臣となった。いわば岡崎譜代である。康政は清長の子長政《ながまさ》の次男として生まれ、はじめ小平太といった。永禄三（一五六〇）年、はじめて家康に接し、これより家康に近侍した。

康政も忠勝とならぶ典型的な戦国武将であり、徳川軍団きっての猛将であった。三河の一向一揆に十六歳で初陣し、武功をたててから家康の信頼を得、康の一字を賜わった。

永禄七（一五六四）年には、与力《よりき》として三名を付属され、吉田城攻略のときは先鋒となり、その後、家康の出陣ごとに旗本の先鋒をつとめ、おくれをとることがなかったという。永禄九（一五六六）年には、さらに一名を与力として付属され、忠勝らとともに御旗本先手侍大将として、軍団を指揮し、その雄姿を前線にあらわすのである。

家康に過ぎたるもの

永禄十一（一五六八）年、遠江の経略にのり出した家康は、翌十二年にかけて、ほぼ大井川以西の遠江一円を平定することに成功し、今川氏の旧家臣を、さかんに徳川氏の家臣団にくみ込んでいった。そして、石川家成《いしかわいえなり》を掛川城に、松平忠次《まつだいらただつぐ》を諏訪原城に、大久保忠世《おおくぼただよ》を二俣《ふたまた》城にといった配置にみられるように、譜代・一族の有力武将を、今川氏の旧支城に配置した。

重要なことは、今川氏の旧家臣で城主クラスの地位をみとめられたものは、久野《くの》・小笠原の両氏だけであったことで、そのほとんどは、徳川氏の中下級の家臣団に編成された。新領土の合併にともなう家臣団の大量帰属にさいして、三河譜代優先の原則が打ち出されたのである。

こうして、権力の基盤を遠江にまでひろげた家康は、元亀元（一五七〇）年、居城を岡崎から浜松に移し、三遠両国の経営に専心することになった。

このあいだにも、武田信玄は、たびたび兵を家康の領土に入れて、攪乱戦術をとったが、家康は、浜松入城後、まもなく生涯ではじめての大戦争にぶつかった。姉川《あねがわ》の戦いがそれである。この戦いは、入京後の信長の統一事業をはばむ越前の朝倉義景《あさくらよしかげ》と近江の浅井長政《あさいながまさ》を、信長・家康の連合軍が、近江の姉川で撃破した戦いである。家康は、同盟者のよしみをもって、三千の兵をひきいて、信長に加担したのであった。

このとき、酒井忠次は先陣をつとめ、石川数正がこれにつづき、本多忠勝・榊原康政は本陣に属したが、忠次以下いずれもめざましい武功をたて、信長・家康の連合軍を勝利へみちびいた。信玄の西上の野望は、姉川の戦いののち、いっそうつよくなり、家康の領土へしばしば侵入したが、元亀三（一五七二）年には、四万五千の大軍をひきいて甲府を出発、軍を三つに分けて、二手を美濃・三河へそれぞれ進出させ、みずからは遠江に入り、二俣城をおとして、ただちに三河にむかった。家康は、信長の援軍をあわせた一万の兵をひきいて、三方原《みかたがはら》に打って出たが、大敗を喫して浜松に逃げかえった。

このときの徳川方の戦闘隊形は、酒井忠次を右翼とし、石川数正・大須賀康高《おおすがやすたか》・本多忠勝らを左翼とし、家康みずから旗本隊をひきいて、その先鋒に榊原康政をおく、といった形をとった。この戦いは、徳川方の大敗におわったが、家康の譜代武将のひきいる三河武士は、勇猛の名をとどろかせ、甲州武士をして舌をまかせたという。とくに本多忠勝の奮戦はめざましく、甲州武士から「家康に過ぎたるものは二つあり、唐《から》の頭《かしら》に本多平八」といいはやされた。家康が〝海道一の弓取り〟と称されるようになったのは、この戦いからであるといわれている。

天正元（一五七三）年、信玄が亡くなると、子勝頼《かつより》と家康の対立となり、武田方は相かわらず家康の領土へ侵入してきた。そして、天正三（一五七五）年には、大挙三河に侵入し、長篠城《ながしの》を包囲した。家康は信長の援をえて、長篠城外の設楽原《したらがはら》で決戦をいどみ、武田軍に壊滅的打撃をあたえた。

この戦いは、騎馬隊と鉄砲隊の戦いであり、鉄砲隊をひきいる家康・信長の連合軍が効を奏し、信玄以来の騎馬戦術をとる武田軍を打ちやぶった。武田方の有力武将は多く倒れ、さしも無敵をほこった武田軍の栄光は、ここにうすれた。戦いのはじまる前、酒井忠次が得意の蝦《えび》すくいの狂言を演じて、武田勢にひるむ三河勢の士気を鼓舞した話は有名であるが、本多忠勝・榊原康政は軍議にくわわり、旗本隊の先鋒として、それぞれ武功をあらわした。

長篠の戦いののち、家康の三遠両国における失地回復は急速にすすみ、天正九（一五八一）年の高《たか》天神《てんじん》城の攻略を最後に、遠江一円の統一に成功した。ついで翌十年には、信長の武田攻撃戦にくわわって、武田氏を滅亡させ、その論功行賞の一環として、駿河一国をあたえられた。ここに家康の領土は三遠駿の三ヵ国にひろがったのである。

新参譜代、井伊直政

四天王の一人、井伊直政《いいなおまさ》は、忠勝・康政らにおくれること十数年、天正三（一五七五）年、家康に召し出されて家臣となった。直政は永禄四（一五六一）年の生まれであるから、年齢的にも、四天王ではもっとも年若である。

井伊氏は、代々遠江の井伊谷《いいのや》にすむ今川氏の家臣であった。直政の祖父直盛《なおもり》は、桶狭間《おけはざま》の戦いで戦死し、父直親《なおちか》は、謀反のうたがいで、今川氏真《いまがわうじざね》の家臣朝比奈《あさひな》氏に討たれ、害は直政にもおよんできたが、今川氏の親族新野左馬助とその妻に助けられた。こうして天正三年、家康が浜松の城下で放鷹していたとき、路辺で見いだされたのである。ときに直政は十五歳であった。

このように、直政は、三河譜代である他の四天王と異なり、家康の遠江経略の過程で家臣となった今川系の給人であり、いわば新参の譜代であった。天正四（一五七六）年の勝頼との戦いに初陣したが、同九年の高天神城攻略よりにわかにその存在が注目されるようになった。そして、四天王の一人として頭角をあらわすのは、家康の甲斐経略の過程においてであった。

五ヵ国を手に入れる

天正十（一五八二）年六月二日、信長は、突如家臣の明智光秀《あけちみつひで》に襲われて本能寺《ほんのうじ》に倒れ、統一事業はなかばにして中断した。武田氏を滅ぼしてからわずか三ヵ月後の出来事であった。この変事を、光秀以外の誰が予想できようか。家康とても同様であった。

当時、家康は堺にあったが、本多忠勝は、京都の豪商茶屋四郎次郎《ちややしろうじろう》（清延《きよのぶ》）から、この変事をいち早くきき、家康に知らせた。このとき、家康は切腹を決意したといわれているが、真偽のほどは疑わしい。いずれにしても、家康主従は、身辺にせまった危機をすばやく感じとった。こうして、伊賀越《いがごえ》の難行軍となった。それは三河への最短距離であったからだ。途中、土民の一揆にあい、危うく一命を損ずるところであったが、四天王らの決死の行動と、清延のよき案内と援助によって、ようやく三河に帰国することができた。これが〝伊賀越の危難〟といわれるもので、家康一生のうちの最大の危機の一つであった。

信長の死によって、政治情勢は大きく変化した。当時、毛利氏征伐のため中国の備中に出陣していた秀吉は、ただちに毛利氏と講和を結び、東上して光秀に乾坤一擲《けんこんいってき》の決戦をいどみ、これを山崎にやぶって、信長の後継者としての地位を確保した。

政治地図の変化は甲斐にもあらわれた。関東の北条氏は、いち早く甲斐侵略を開始したが、家康もこれに対抗して甲斐経略にのり出し、武田氏の旧家臣を手なずけておいて、しだいにこれを徳川氏の家臣団にくみ込んでいった。そして、これまでの家臣団の組織をそのままみとめ、かれらに旧領を安堵《あんど》するという現実妥協の政策を打ち出した。しかし、譜代優先の原則は、ここでも貫徹し、譜代を寄《より》親《おや》とし、武田氏の旧家臣を寄子《よりこ》として、その組下に編入した。つまり、今川氏の旧家臣と同様に、かれらも徳川氏の中下級の家臣団に編成したのである。

このとき、井伊直政は、その武功がみとめられて、土屋衆など一一七名の与力《よりき》が付属され、四天王の地位をきずきあげた。また、一条衆・原衆・山県衆などのおおかたは、直政の組下に編入されたが、直政は、山県昌景《やまがたまさかげ》の赤備《あかぞなえ》を模して備としたことから、その後、これを〝井伊の赤備〟と称し、有名になった。

甲斐を平定した家康は、その勢いにのって信濃の経略にのり出した。家康は、酒井忠次を派遣して、信濃の経営にあたらせたが、ここは甲斐とちがって、北条・上杉氏らの勢力がつよく滲透しており、しかも群小の領主が濫立抗争していたので、その経略はスムーズに進行しなかった。ようやく天正十一（一五八三）年にいたって、南信濃一帯を手中におさめることに成功した。

信濃の経略で重要なことは、信州武士の帰属の仕方にあった。それは、これまでの遠州・甲州武士の帰属の仕方とちがって、徳川氏の上級家臣団に編成されたことである。それは、かれらが帰属する前から、大名クラスの地位を占めていたことによるもので、こうして三河譜代につづいて小笠原・諏訪・保科《ほしな》氏らの譜代が形成された。

ここに家康は、さきに領有した三河・遠江・駿河の三ヵ国にくわえて、天正十一年までに、甲斐と南信濃の五ヵ国をあわせ領有する大大名となった。その権力はいちじるしく強力となり、信長の地位を継承し、天下統一にのり出した秀吉権力と対抗するまでに発展した。こうして、翌十二年、小牧《こまき》・長久手《ながくて》の戦いがはじまるのである。

出奔した指揮官

小牧・長久手の戦いは、賤《しず》ヶ嶽《たけ》の戦い（秀吉が柴田勝家《しばたかついえ》をやぶった戦い）以来秀吉から疎外されて不満をもっている信長の次男信雄《のぶかつ》が、家康に接近して、秀吉と決戦をいどんだ戦いである。近世の統一者となった秀吉・家康の両雄は、このときはじめて対陣したのであった。この戦いの規模は大きくかつ長期にわたったが、戦闘らしい戦闘はなく、いわば両雄の外交戦・心理戦といった性格がつよかった。四天王をはじめとする家康の譜代武将は、ここでもめざましく活躍し、秀吉もそれを十分に認識した。

こうして、雌雄《しゆう》が決しないままに講和が結ばれたが、この戦いによって、家康は秀吉に有利な地位を確保することに成功した。しかし、秀吉の心理作戦は、その後もつづいておこなわれ、ついに直接家康のふところに打ち込まれた。天正十三（一五八五）年十一月の石川数正《いしかわかずまさ》の出奔事件がそれである。

数正は、酒井忠次とともに家康の家老であり、惣先手侍大将として、徳川軍団の最高指揮官の地位にあった。数正の出奔を知った徳川家臣団が動揺したのも無理はない。家康も大いに驚愕したが、かれがもっとも憂慮したのは、徳川氏の軍制の機密が秀吉にもれることであった。数正の出奔は、いわばこれまでの徳川氏の軍制にひずみが生じたことを意味した。

ここにおいて家康は、武田流の軍法などを採用しながら、徳川軍制の改革をおこなった。このとき、侍大将を八名に増員したが、忠次・忠勝・康政・直政らの四天王のほかは、譜代の大久保忠世・大須賀康高・平岩親吉《ひらいわちかよし》・石川家成らが名をつらねている。そして忠次・忠勝・康政・康高は先手をつとめ、親吉・家成は後備をつとめる、また直政は旗本備《はたもとぞなえ》をひきい、忠世は人質を監視する、という軍制であった。

整備される民政組織

徳川氏の軍事職制は、数正の出奔を契機に改正・整備されたが、それは三河時代の三備《みつぞなえ》の軍制を、いっそう整備したものであった。これとともに、役方の組織もある程度ととのえられ、甲斐領有後は甲斐奉行や甲斐郡代がもうけられた。この期に、これまでの三河系代官である伊奈忠次《いなただつぐ》について、甲州系代官である大久保長安《おおくぼながやす》が活躍をはじめたことは注目される。それは、家康が民政組織、とくに農政機構を整備したことを意味した。そして、その到達点を示すのが五ヵ国の総検地であった。

家康は、天正十七（一五八九）年から翌十八年にかけて、はじめて五ヵ国全領にわたって総検地を実施する一方、これと並行して七ヵ条の「定書」を公布した。この総検地は、面積をはかる単位に、一反＝三六〇歩、大（二四〇歩）・半（一八〇歩）・小（一二〇歩）を用いたり、屋敷地は坪で何貫文という貫高《かんだか》で記載するなど、秀吉が実施した太閤検地とは異なる徳川氏独自の方針で検地を実施したが、このとき伊奈忠次らは検地奉行として活躍した。また「定書」は、年貢や夫役《ぶやく》について規定したもので、領国全体にわたって貢租・夫役制度を統一しようとするものであった。

こうして家康は、五ヵ国時代のおわりになると、領国の支配組織をととのえるとともに、それをより確実にするため、民政組織をととのえ総検地を実施して、貢租や夫役を負担する農民の確保に留意した。夫役が貢租とならんで重視されたのは軍役《ぐんやく》に密接に関連していたからである。しかし、五ヵ国時代の徳川氏の政治のしくみは、なお軍事職制の整備が中心を占めており、奉行と郡代の機能はまだ分化しておらず、軍政と不可分に結びついていた。代官も奉行の与力《よりき》・同心として、その指揮にしたがい、検地や年貢の収納に従事し、戦時には、兵糧の運搬や道路の修理などにあたっていた。

これより先、天正十四（一五八六）年には、秀吉との和議が成立し、家康は同年の末浜松から駿府《すんぷ》に移ったが、すでに両者のあいだには主従関係が生まれ、秀吉の九州征伐後は、秀吉政権下の一大名となり、天正十八年には、小田原の北条攻撃戦に動員された。そして北条氏滅亡ののち、関東への転《てん》封《ぽう》を命じられたのである。

再編される家臣団

関東転封と知行割り

天正十八（一五九〇）年八月一日、家康はすみなれた旧領五ヵ国をはなれて関東に移り、江戸に入城した。いわゆる〝江戸御打入り〟というのがこれである。この日を記念した「八朔《はっさく》」の祝賀は、その後、江戸幕府の重要な年中行事となって、幕末までつづいた。

家康の関東転封は、いうまでもなく、論功行賞の美名にかくれた秀吉の大名統制策の一環としておこなわれたものであった。これより先、奥州転封の噂がとんだとき、井伊直政・本多忠勝・榊原康政らの三人衆は、不満をとなえたが、これに対して家康は、

「そう心配しなくてもよい。百万石の加増であれば、たとえ奥州でもよいではないか。人数を大勢召しかかえ、三万を国にのこし、五万をひきいて上方に攻めのぼれば、天下に恐れるものはない。」

といったという。家康の忍の性格は、ここでも発揮された。北条氏の遺臣が多数割拠する関東への転封が、何を意味するか知らぬはずはなかったが、いまは秀吉にしたがう一大名として、その命令に忠実にしたがい、あたえられた条件のなかで自己の運命を切り開いていく決意をかため、新領国の堅実な組織づくりに邁進したのである。

家康の関東領国は、武蔵《むさし》・相模《さがみ》・伊豆《いず》・上総《かずさ》・下総《しもうさ》・上野《こうずけ》の六ヵ国で、合計二四〇万二千石であった。そのほか近江・伊勢・遠江・駿河のうちに、約一〇万石の領地があった。あわせて二五〇万石余というのが、関東転封後の所領高であり、それは秀吉にしたがう諸大名のなかで、最大の所領高であった。

家康は入国と同時に、江戸を権力の中心地として、その整備にあたる一方、榊原康政を総奉行とし、

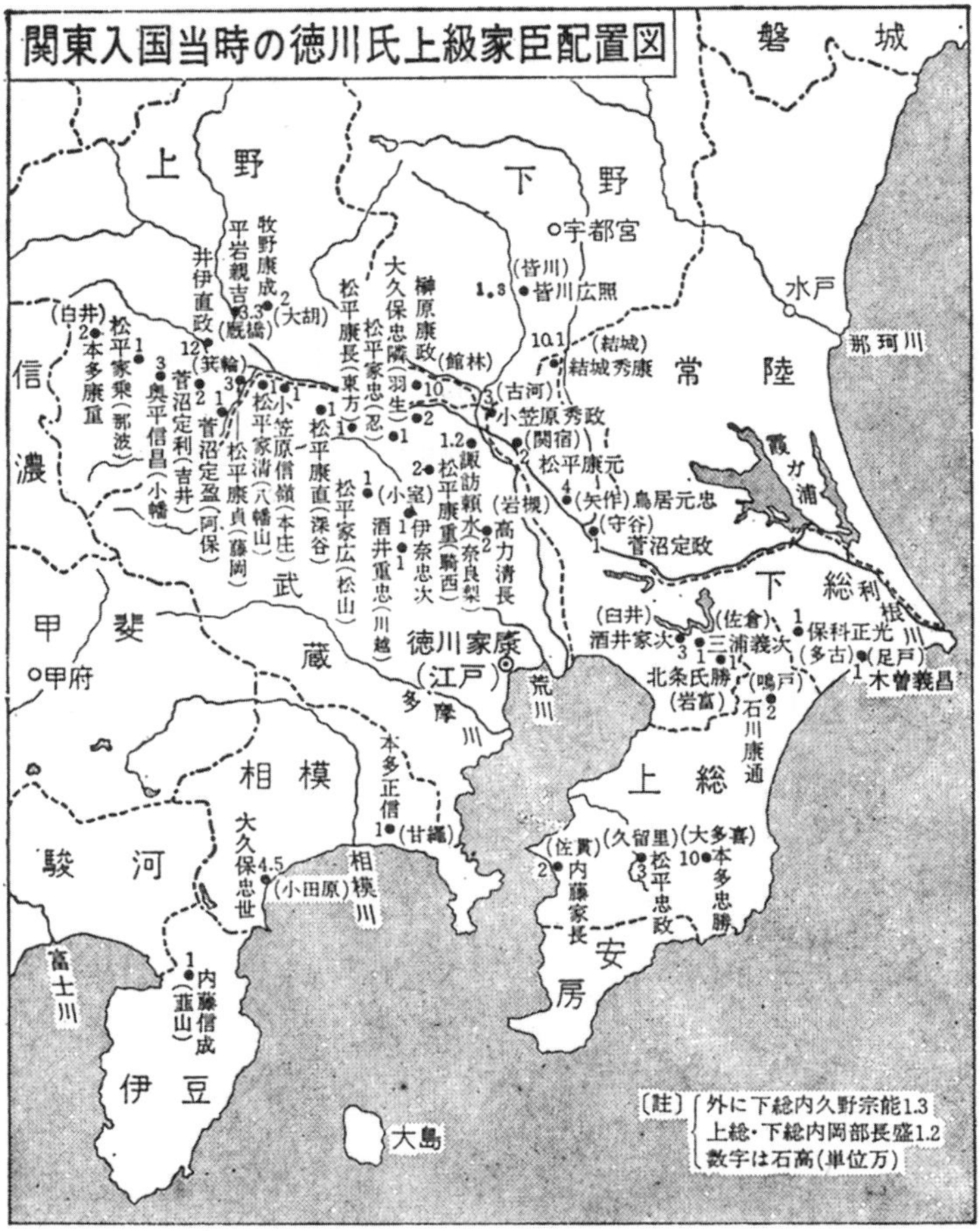

関東入国当時の徳川氏上級家臣配置図

その下に伊奈忠次《いなただつぐ》・青山忠成《あおやまただなり》らをおいて、家臣団の知行割りを実施させた。新領国の本格的な組織づくりを開始したのである。

家康は、まず、武蔵をはじめ、江戸の周辺諸国に、一〇〇万石を上回る直轄地＝天領を設置した。そして、徳川一門・譜代上層のなかから、四二名のものを万石以上にしたて、北条氏の一族や家臣の支城を中心に、領国外の敵対勢力に対峙するような形で、有力な上級の家臣団を領国の周辺部に、一、二万石以下、および中下級の家臣団を領国の中央部に配置した。

すなわち、上野箕輪《みのわ》の井伊直政一二万石は、越後の上杉景勝や信濃の諸大名に、上総大多喜《おおたき》の本多忠勝一〇万石は、安房《あわ》の里見義康に、上野館林の榊原康政一〇万石と下総矢作《やはぎ》の鳥居元忠《とりいもとただ》四万石は、常陸の佐竹義重に、それぞれ対峙させ、また大久保忠世《おおくぼただよ》四万五千石は、相模小田原に配置して、南関東入口のおさえとした。このように、万石以上の上級家臣団の場合は、領国外の敵対勢力に対峙させながら、領内に対しては支城駐屯制がとられたのであり、それによって、新領国の強固な防衛陣がしかれた。

ここでは、徳川四天王のうち、井伊直政がトップに立ち、本多忠勝・榊原康政がこれにつづいていたことがわかる。酒井忠次《さかいただつぐ》は、すでに五ヵ国時代の末期に致仕《ちし》し、その子家次《いえつぐ》は、下総臼井で三万石あたえられたにすぎなかった。これには忠次も不満だったようで、わが子家次の加増を願い出たが、家康は「お前でも子供が可愛いか」といって、取りあげなかったという。これは、家康が、天正七

（一五七九）年、信長に、妻の築山殿《つきやまどの》と長男の信康《のぶやす》が武田方に内通したという嫌疑をかけられて、二人を殺さねばならない悲劇に追い込まれたとき、忠次が信長を恐れて何も弁解してくれなかったことに対する皮肉である。こうして、関東入国後の酒井氏はやや落目となり、これより直政・忠勝・康政の三人衆の時代となる。

万石以上の歴々

ところで、万石以上となった四二名の家臣団は、井伊・本多（三名）・榊原・酒井（二名）・結城《ゆうき》・松平（一〇名）・大久保（二名）・鳥居・平岩・小笠原（二名）・奥平・内藤（二名）・牧野・石川・高力・菅沼（二名）・土岐・伊奈・諏訪・保科《ほしな》・木曾・岡部・久野・三浦・北条・皆川の各氏であった。そのうち、三河出身者は二七名で六四％を占め、ついで信濃出身者は六名、遠江出身者は三名、駿河出身者は一名となり、これら四ヵ国出身者はすべて三七名で約九割を占めていた。関東入国後も、三河譜代が優位を占め、上級家臣団（万石以上）の中核を占めていたことがわかる。松平一族は一〇名であるが、いわゆる「十八松平」は五名（竹谷《たけのや》・深溝《ふこうず》・長沢・大給《おぎゅう》・桜井）にすぎず、そのほかは、賜姓による松平一族（松井・戸田・大須賀・依田）と久松《ひさまつ》氏であった。ほかに家康の次男で秀吉の養子となり、のちに結城氏の跡目を相続した秀康《ひでやす》があった。こうして、「十八松平」は、徳川氏を支える基盤としては微弱となったのである。

旗本の誕生

領国の中央部に配置した中小級の家臣団のうち、中級の家臣団は、のちに大名（万石以上）と旗本（万石以下）に分かれるが、下級の家臣団は、そのほとんどが旗本となり、江戸幕府のいわゆる直属家臣団を構成していく。家康は、知行割りにさいし、かれらには、江戸から一〇里ないし二〇里以内のところで、分散的に知行地をあたえ、そこに簡素な陣屋《じんや》をつくらせて、江戸に通勤させた。

このように、下級の家臣団の知行地を、中央部の江戸の近くに割りあてたのは、かれらが徳川氏の常備軍として、江戸城を守る任務をもっていたからである。とくに常備軍の中心をなす大番《おおばん》六組は、江戸城の西北部（麴町・市ケ谷方面）に宅地をあたえられた。これがいわゆる番町《ばんちょう》であり、旗本の屋敷地となった。

旗本の前身をなすこれらの中下級の家臣団も、三河武士をはじめ、今川・武田氏らの旧家臣団を中心に構成された。関東転封後は、北条氏の旧家臣団がこれにくわわり、その後、譜代大名や旗本の分知、および大名改易《かいえき》による召し出しなどによって、その数はいちじるしく増加していった。

こうして、家康は、入国直後の早急かつ巧みな知行割りの実施によって、新領国の堅実な組織づくりに成功し、江戸城の防衛をはじめ、領国全体にわたって、強固な支配体制をきずきあげることができた。そして、その中心をなすものは、支城と陣屋による駐屯制であり、それは臨戦的な軍事体制をかたちづくるものであった。

家康は転封を契機に、むしろ在地性のつよかった五ヵ国の家臣団を、近世的な家臣団にしあげていくことに利用したのであった。転封後の徳川家臣団は、在地との古い結びつきがたち切られ、ひとしく石高制が採用されて、家康の強固な統制に服しながら、新しく支城や陣屋に配置されたのである。

譜代上層と直系一門

重要なことは、譜代上層の多数の大名化とならんで、家康の直系一門を大名に取立てたことである。譜代上層は、すでに早く三河時代に、徳川氏より与力《よりき》・同心を付属され、みずからの家臣団（陪臣団）を構成していたが、五ヵ国時代になると、陪臣団の数はますます多くなり、関東転封後は、譜代上層とともに支城に配置され、その組織もととのえられた（支城駐屯制）。こうして、譜代上層は、それぞれの軍団の長として、みずからの個別権力をつよめたが、それは同時に、徳川氏の軍事力のいちじるしい強化を意味した。

家康の直系一門は、入国直後、結城氏の跡目を相続した次男の秀康が、下総結城（一〇万一千石）に配置されたが、その後、四男の忠吉《ただよし》（東条松平）と五男の信吉《のぶよし》（武田松平）を一門に取立てて、それぞれ武蔵忍《おし》（一〇万石）と下総佐倉（四万石）に配置した。さらにおくれて、六男の忠輝《ただてる》（のちの越後松平）を一門に取立て武蔵深谷（一万石）に配置した。これら家康の直系一門は、微弱となった松平一族に代わって、徳川氏を支える有力な基盤となっていくのである。

この徳川一門・譜代上層は、親藩《しんぱん》・譜代大名の前身をなすものであるが、その後、譜代上層の一部の改易により、人数に多少の変更が生じ、関ヶ原の役直前までに、その数は四〇名となった。

こうして、家康は、巧みな領国経営によって、関東領国体制を着々と整備していった。関ヶ原の役後の親藩・譜代大名の取立てといい、直属家臣団である旗本の形成といい、あるいは徳川氏と譜代大名をめぐる関係といい、それらの原型は、すべてこの関東領国時代につくられた。関東領国の組織づくりは、幕藩体制の組織づくりの直接前提をなすものであった。

領国政治の担い手

徳川政治の中枢部

徳川一門・譜代上層の多数の大名化によって、関東領国の徳川氏の政治は、いちおう直轄領および直属家臣団（のちの旗本）の知行地の政治と、大名がみずから沙汰する大名領の政治に分化した。

しかし、かれらは大名化しても、まだ公称大名であったわけではなく、また徳川氏の上級家臣であることにも変わりなかった。したがって、かれらの上層である井伊直政・本多忠勝・榊原康政らの三人衆は、徳川軍団の最上にありながら、そのまま徳川政治の中枢に参加した。それはまた、軍政と民政が完全に分化していなかったことを示している。

このように、譜代上層が徳川政治の中枢に参加するしくみは、関ヶ原の役後、参加する譜代大名は変わりながらも、ひきつづいておこなわれ、そこから譜代大名の幕政参加が生まれることになった。
三人衆についで、関東転封前後に頭角をあらわしてくるのは、譜代武功派の大久保忠隣《おおくぼただちか》と帰り新参譜代の本多正信《ほんだまさのぶ》であり、この二人は宿命的な対立をはらみながら、やがて江戸幕府創業期の重臣となるのである。

頭角をあらわす忠隣

大久保忠隣は、譜代の名門大久保氏の嫡子として、天文二十二（一五五三）年三河に生まれた。父忠世《ただよ》は、譜代武功派の一人として、四天王につぐ活躍を示したが、忠隣も、永禄六（一五六三）年の一向一揆《いっこういっき》のさい、十一歳で家康にみとめられ、近習《きんじゅう》に取立てられてから、堀川城攻略をはじめ、天方《あまがた》の戦い・姉川《あねがわ》の戦い・三方原《みかたがはら》の戦いなどに出陣し、父に劣らない武功をたてた。

忠隣がめだった活躍を示しはじめるのは、家康が甲斐・信濃の経略に着手してからで、このとき、かれは奉行として両国の経営にあたった。武田氏の配下で地方巧者として敏腕をふるっていた大久保《おおくぼ》長安《ながやす》が、忠隣の配下にくみ込まれるのもこのときである。これから、忠隣と長安の深い結びつきがはじまる。かれが譜代武功派でありながら、四天王などとはちがった政治感覚をもったのは、こうした地方巧者への接近によるものであるが、皮肉にもそのことが、のちになって、かれの政治生命をたつ理由の一つになるのである。

天正十三（一五八五）年石川数正《いしかわかずまさ》が出奔し、同十六年酒井忠次が致仕して、両家老がその地位を去ると、忠隣の地位はにわかに重くなってきた。かくて、関東入国後は、武蔵羽生《はにゅう》にて二万石あたえられたが、文禄二(一五九三)年には、家康の三男秀忠に付属されて老職《ろうしょく》となり、翌三年には、父の遺領をあわせて六万五千石に加増され、南関東の要衝である相模小田原に配置された。

「循吏」本多正信

本多正信は、天文七(一五三八)年三河に生まれた。忠隣より一五歳年上である。正信家は、五本多の一つ定吉《さだよし》家に属するが、忠隣家よりも地位が低く、父俊正《としまさ》の代に家運がおとろえた。正信は、幼少から家康に近侍したが、一向一揆のとき一揆側に味方したため、三河を追放され流浪の身となった。家格といい、人生への出発といい、忠隣とは好対照を示していた。

そのかれが帰り新参譜代として、ふたたび家康に仕えたのは姉川の戦いのときであった。このとき、名誉挽回と気負い込んで敵中に攻め入ったが、危うく一命を落とすところを、家康の家臣にようやく助けられたという。とうてい武功派の家臣とはいえた義理ではない。ところが、家康の甲斐経営のときは、忠隣とともに奉行となり、めざましい活躍を示した。小牧《こまき》・長久手《ながくて》の戦いのときは、「組もなくいつにても御側に御供なり」とあるように、軍団を指揮する譜代武将と異なり、家康の側近として特殊な地位にあった。こうして、数正が去り、忠次が致仕したのちは、家康側近の第一人者として活躍するのである。

帰り新参譜代の正信が、四天王をはじめとする武功派の家臣がひしめくなかで、家康側近の第一人者にのし上ったのは、かれの武功を通じてではなく、林羅山《はやしらざん》が「循吏《じゅんり》」と評したように、その行政的手腕によってであった。正信は才気にみちた智謀家であり、すぐれた吏僚であった。したがって、武功派とは、はじめから肌合を異にし、対立する側面をもっていた。この両者の矛盾が、やがて武功派を代表する忠隣との政争にまで発展する。

関東入国後正信は、忠隣と同じ相模の玉縄《たまなわ》（甘縄）に配置され一万石あたえられた。三人衆にくらべて、その石高は見劣りするが、正信は関東総奉行として、その行政的手腕を発揮し、新しい町づくり・村づくりなど、新領国の組織づくりに、多方面にわたってめざましく活躍した。

関東総奉行、忠成と清成

正信とともに、関東総奉行に任じられたものに青山忠成《あおやまただなり》と内藤清成《ないとうきよなり》があった。ともに三河譜代であるが、忠成は、天文二十（一五五一）年三河に生まれ、幼少から家康に仕えて小姓《こしょう》となった。その後秀忠に付属され、家康の関東入国のときは、諸事を沙汰する任務をおびて先発し、入国後は、相模高座郡のうちにて五千石あたえられ、のちに正信とともに関東総奉行となった。清成は、弘治元（一五五五）年三河に生まれ、内藤忠政の養子となり、家康に仕えて小姓となった。その後忠成と同じく秀忠に付属され、関東入国後は、相模東郡のうちにて五千石あたえられ、のちに忠成とともに関東総奉行となった。

この両者は、ほぼ同じようなコースをたどって家康の側近となり、正信とともに、新領国の組織づくりに活躍したのである。

江戸の町づくり

新しい領国の組織づくりには、家臣団の知行割りとならんで、新しい町づくり・村づくりが必要であった。

江戸はいうまでもなく、太田道灌《おおたどうかん》の築城によって開発されたところである。家康は江戸に入城すると、江戸城の整備は応急修理にとどめて、江戸の町づくりに邁進した。まず必要なことは、江戸城へ軍事物資を入れるための舟入堀の開掘であったが、家康は、本多正信を総指揮として、東京湾にそそぐ平川の河口から江戸城に通ずる道三堀《どうさんぼり》の開掘に着手させた。江戸の新しい町は、最初この堀ぞいにできていった。

堀普請についで、町場の中心となる本町の町割りを実施した。常盤橋《ときわばし》の西側地帯で、道幅は六丈、一町は四〇間の区画であり、一間は田舎間《いなかま》で六尺制であったという。町割りがすむと移住者をつのったが、これには京都の豪商で、すでに家康に親近していた茶屋四郎次郎《ちゃやしろうじろう》が活躍している。

こうして、江戸の新しい町ができていったが、家康はそれとともに、町方の支配組織をととのえた。まず、駿府の町奉行をつとめた板倉勝重《いたくらかつしげ》を江戸の町奉行に任命した。板倉氏も三河譜代であるが、勝重は、天文十四（一五四五）年三河に生まれ、はじめ僧となったが、家康の命によって還俗《げんぞく》し、板倉家をついだ。正信とともに吏僚派の家臣として活躍し、天正十四（一五八六）年には、駿府の町奉行に起用され、いままた、江戸の町奉行に抜擢され、関東代官と小田原の地奉行をかねた。かれはのちに京都所司代《しょしだい》に昇進し、名裁判ぶりを発揮する。

ついで、家康にしたがって旧領五ヵ国から移ってきた樽屋藤左衛門《たるやとうざえもん》・奈良屋市右衛門《ならやいちえもん》・喜多村彦兵衛《きたむらひこべえ》らの商人を町年寄に任命した。いわゆる「三年寄」というのがこれである。かれらは本町の町割に参加し、いずれも広大な屋敷地をもらった。また家康は、軍事物資の輸送のために伝馬《てんま》制度の整備に意を用い、江戸城に近い宝田村の馬込勘解由《まごめかげゆ》・高野新右衛門《たかのしんえもん》・小宮善右衛門《こみやぜんえもん》らに伝馬役の支配を命じた。

いっぽう、文禄元（一五九二）年になると、天下の情勢もいちおう安定したので、家康は、本腰を入れて江戸城の修築にとりかかり、本多正信を総指揮として、西丸の建設をはじめた。しかし、江戸城が名実ともに完成するのは覇権確立ののちであり、江戸の町も、数次にわたる江戸城の拡張工事と密接に関連しながら発展していった。

江戸が徳川氏の城下町から天下の城下町へ、さらに幕政を執行するいわゆる幕閣の所在地に発展する基礎は、こうしてつくられていったが、江戸の町づくりで重要なことは、豪商との結びつきが深くなったことである。茶屋四郎次郎もその一人であるが、後藤庄三郎《ごとうしょうざぶろう》（光次《みつつぐ》）もその一人であった。かれらは、のちに家康の側近となり、経済・貿易政策の主要なブレーンとなる。

「三目代」の村づくり

新領国の支配体制を強固にするためには、何よりも、その基盤である土地と農民を把握することが必要であるが、その意味で、新しい村づくりは、知行割りや町づくりに劣らず重要であった。

江戸幕府の正史である『徳川実紀《とくがわじつき》』は、つぎのような話をのせている。

「関東入国のとき、家康は、これまでの代官をやめさせて、伊奈忠次《いなただつぐ》だけに、関八州の代官を任命しようとしたところ、本多正信は、いかに忠次に才幹がありましょうとも、どうして関八州を一人で沙汰できましょうか、と反対したが、家康はきき入れなかった。」

これによると、伊奈忠次一人が代官に任命されたようになっているが、しかし実際には、忠次をはじめ、大久保長安・彦坂元正《ひこさかもとまさ》・長谷川長綱《はせがわながつな》らの代官頭によって分轄支配された。『徳川実紀』は、忠次のきわだった存在を誇張したものであり、それだけ、新領国の村づくりにおけるかれの活躍ぶりはめざましいものがあった。

忠次は、天文十九（一五五〇）年三河に生まれたが、父の忠家《ただいえ》が一向一揆のとき家康にそむいたために、三河を追われ、のち父とともに家康の長男信康に仕えた。信康の死後は堺におもむき、そこで堺を遊歴中の家康に見出されて家臣となり、五ヵ国の総検地にすぐれた才能を発揮して重用された。かれが代官頭として、諸代官を統轄する地位にのし上るのは、秀吉の小田原攻略のときで、戦術論をといて秀吉にみとめられ、戦後のすみやかな事務処理で算勘の明るさを示し、家康を感服させた。かくて、関東入国後は、武蔵小室にて一万石あたえられ、代官頭として直轄領を支配し、徳川検地の総指揮にあたった。

忠次の検地は〝備前検〟（伊奈備前守からその名が出た）といわれて、徳川検地の祖法をなしたが、入国後の検地では、石高制を用い、一反＝三〇〇歩、町・反・畝《せ》の面積表示の採用など、新しい村づくりにふさわしい政策を実施したが、関東という後進地の実情に応じて、有力農民と妥協しながら、その下にいる小農民を徐々に自立させ、分付《ぶんづけ》という形で検地帳に登録していった。また、忠次は治水や灌漑工事にもすぐれた手腕を発揮して、土木技術における〝伊奈流〟の基をひらき、新しい村むらを開発していった。

大久保長安は、大久保忠隣との結びつきによって、しだいに地位を向上し、五ヵ国の総検地では、忠次の下にあって、甲斐検地にあたり、関東入国後は、忠次とともに代官頭として、徳川検地を指揮した。かれの検地は〝石見検〟（大久保石見守からその名が出た）といわれて、こまかい仕法で〝備前検〟と趣を異にした。

彦坂元正の父光景《みつかげ》は、今川系の給人で、のち家康に仕えて家臣となった。元正ははじめ近江代官となったが、のち五ヵ国の総検地に関係し、関東入国後は、忠次・長安とともに代官頭として、徳川検地を指揮した。以上の三人は〝三目代《さんもくだい》〟といわれて、とくに重視された。

このように、新領国における新しい村づくりは、代官頭を通じておしすすめられたが、かれらが実施した徳川検地は、関東農村に近世的な農村秩序を打ち立てるうえで大きな役割を果たした。かれらも家康の側近グループの一角を形成し、覇権確立後、あるいは関東郡代として、あるいは鉱山奉行として、江戸幕府財政の確立に重要な役割を発揮する。

覇権確立と武功派の衰退

家康の「一番の宝」

関東領国の堅実な組織づくりに成功した家康は、秀吉にしたがう諸大名のなかで、最強の大名として隠然たる勢力を占めるにいたった。あるとき、秀吉の近臣たちが、

「徳川殿ほどおかしい人はいない。下腹がふくれておられるので、自分で下帯をしめることができず、侍女にまかせてしめておられる。万事この調子で、まことに鷹揚すぎた大名でござる。」

と笑うと、秀吉は、

「おまえらは何を笑うか。家康は、武略世にならぶものなく、そのうえ、関八州の主《あるじ》として、金銀も自分より多く貯えている。おまえらがおかしいと思うことは、すなわち、家康が賢いということで、並々のもののはかり知るべきことではない。」

とたしなめている。小牧・長久手の戦いいらい、秀吉は、家康の非凡な才能を十分に認識していたの

である。

またあるとき、毛利輝元《もうりてるもと》や宇喜多秀家《うきたひでいえ》らの諸大名が集まった席で、秀吉は、

「自分は、虚堂の墨蹟や粟田口の太刀をはじめ、かずかずの宝をもっているが、おのおのの宝は何か。」

と問いかけた。輝元や秀家は、いろいろと所持の品を述べたが、家康は、

「私は、三河の片田舎に生まれたので、珍しい書画調度は何ももっておりませぬ。しかし、自分のためなら、水火のなかに入っても、命を惜しまないものが五百騎ばかりおります。これが私の一番の宝でござる。」

と答えた。これを聞いて秀吉は大いに恥じ、

「自分も、そのような宝がほしい。」

とうらやましがった。家康主従のかずかずの武功は、秀吉のよく知るところであった。こうして、家康は、秀吉から重用され、しだいに中央政界でゆるぎない地歩をきずいていった。

朝鮮の役と家康

朝鮮の役は、戦国いらいの領土拡張に終止符を打たれた大名の不満と、外国貿易を求める豪商の希望とが、秀吉の冒険主義と結びついておこったが、これに対して、家康は批判的態度をとった。

秀吉から朝鮮出兵の命令をうけたとき、家康は江戸城の書院にすわって、ただ黙然としていた。そ

ばにいた本多正信が「殿は渡海されますか」ときいたが、返事がなかったので、三度までたずねると、「何事だ、やかましい、人がきくぞ、箱根を誰に守らせるというのか」といい放った。家康は、出兵による家臣と物資の損耗を、また何よりも新領国の経営を破壊されることを恐れていたのである。

しかし、秀吉にしたがう大名の一人として、正面きって反対するわけにはゆかなかった。渡海こそしなかったが、肥前の名護屋《なごや》におもむき、秀吉の本営を固めた。このあいだにも家康は、秀忠に井伊直政・榊原康政をつけて、領国経営に専念させる一方、渡海した諸大名に対しては手紙を送り、戦勝を祝ったり、長陣の労をねぎらうなど、芸の細かいところをみせ、諸大名の人心収攬につとめた。こうして、諸大名の家康に対する信望はしだいに高まり、それにともなって、その政治的地位も高まっていった。文禄四（一五九五）年には、前田利家《まえだとしいえ》・宇喜多秀家・毛利輝元・小早川隆景《こばやかわたかかげ》（隆景の死後は上杉景勝《うえすぎかげかつ》がこれに代わる）とともに五大老に任じられ、秀吉政権の重要な担い手となった。

秀吉の死と政争

朝鮮の役によって、大きな痛手をこうむった豊臣政権は、慶長三（一五九八）年の秀吉の死によって、決定的打撃をうけた。秀吉は死ぬ一三日前に、五大老あてに自筆の遺言状を書きのこし、「返々《かえすがえす》、秀より事たのみ申候、五人のしゅ（衆）（五大老）たのみ申上候〳〵、いさい五人の物（者）（五奉行）に申しわたし候、なごりおしく候、以上、秀より事なりたち候ように、此かきつけ之しゅとしてたのみ申候、なに事も此ほかにはおもいのこす事なく候、かしく。」

と述べて、わが子秀頼《ひでより》が無事に成長するように、五大老に懇願したのであった。

ところが、秀吉が死ぬと、統一政権のゆくえをめぐって、にわかに諸大名の対立がはげしくなってきた。五大老や五奉行は、たがいに秀吉の意思を尊重し、忠誠をちかう起請文《きしょうもん》をとりかわして、その場を打開しようとしたが、それは勢力均衡によってとられた一時的な措置にすぎなかった。

家康は、さきに五大老のあいだでとりきめた「掟《おきて》」を無視して、東北旧族大名の伊達政宗《だてまさむね》や、豊臣大名の福島正則《ふくしままさのり》・蜂須賀家政《はちすかいえまさ》らと婚姻を約束する一方、豊臣大名内の吏僚派と武功派の対立を巧みに利用して、勢力の拡大をはかった。とくに慶長四（一五九九）年に前田利家が死ぬと（子の利長《としなが》がこれに代わる）、中央政界での勢力均衡がくずれ、家康の地位はますます重くなり、世人は家康を〝天下殿〟と評するようになった。その後、他の四大老があいついで帰国したので、家康だけが中央にのこることとなり、文字通り政界の中心勢力となったのである。

関ヶ原の役

会津に帰国した上杉景勝は、前年移ったばかりの新領国の経営に力をそそぎ、軍備を固めた。景勝の旧領である越後に新しく入封した堀秀治《ほりひではる》は、景勝が会津転封にさいしてもち去った年貢米を返さないことを憤って、景勝の叛意を家康に知らせた。家康は、ここで、いったん外交交渉をおこない、景勝に上京をうながしたが、景勝はこれをことわったばかりでなく、家康の態度を非難した。そこで、家康は意を決して、諸大名に景勝征伐の命令を下し、みずからも東に下った。こうして、関ヶ原の役は、家康の会津征伐からはじまった。

この間、上方では、石田三成《いしだみつなり》らによって家康討伐の計画が具体化し、毛利輝元を盟主として、四奉行をはじめ、吏僚派や西国配置の諸大名を中心にいわゆる西軍が編成され、家康に対する一三ヵ条の弾劾状《だんがいじょう》の発表とともに、宣戦が布告された。家康は、この変報を知って、ただちに西上する決意を固め、秀忠には、榊原康政・大久保忠隣・本多正信らをつけて、東山道から西にすすませ、みずからは、井伊直政・本多忠勝以下の譜代部将をはじめ、会津征伐にしたがった武功派や東国配置の諸大名をしたがえて、東海道から西へむかった。

こうして、東西両軍が関ヶ原であいまみえ、〝天下分け目〟の決戦が展開されたが、激闘八時間のすえ、東軍の決定的勝利となった。ときに慶長五（一六〇〇）年九月十五日であった。東山道から西にすすんだ秀忠軍は、信濃上田城にこもる真田昌幸《さなだまさゆき》・幸村《ゆきむら》父子の抵抗にあって、数日間手間をとり、ついに決戦に間にあわず、ようやく二十日にいたって、近江の草津で、家康軍に追いついた。家康は、秀忠の遅参をせめて面会をゆるさなかったが、榊原康政の心をこめたとりなしで、やっと家康の怒りがとけ、父子の対面となった。秀忠は、このときの康政のとりなしがよほど嬉しかったらしく、

「康政のこのたびの志、わが家のあるかぎり、子々孫々にいたるまで、忘れることはなかろう。」と書いてあたえた。

戦後の論功行賞

関ヶ原の決戦の勝利によって、家康は、秀吉の後継者としての地位を確定した。関東の領国経営に着手してから一〇年目であり、すでに五十九歳の円熟した年齢に達していた。長い忍の生活から解放され、いま三人目の〝天下取り〟の地位について、いよいよかねての政治目標を実現すべく、その老練な手腕を発揮して、幕藩体制の組織づくりに着手したのである。

まず家康は、三人衆に本多正信・大久保忠隣らをくわえて、諸大名の勲功を調査させ、それにもとづいて、大規模な戦後処理をおこなった。とくに重要なのは、旧族・豊臣系の外様大名《とざまだいみょう》に対する大々的な改易・転封と、徳川氏の家臣団のなかから、多数の大名を取立てたことである。これを外様大名に対して、徳川一門＝親藩《しんぱん》・譜代大名《ふだいだいみょう》という。

家康は、西軍にくみした外様大名八八名を改易によって取潰し、領地四一六万一〇八四石を没収した。これと同時に、毛利輝元・上杉景勝・佐竹義宣ほか二名の大名の領地二一六万三一一〇石を削りとって、輝元は安芸広島から長門萩に、景勝は陸奥会津から出羽米沢に、義宣は常陸水戸から出羽秋田に移した。両者をあわせると、没収総高は九三名の六三二万四一九四石という尨大な額となる。家康は、これらの没収地を、東軍に属して功労のあった外様大名に配分して転封する一方、直轄領にくみ入れたり、徳川一門・譜代大名の取立てにあてたのである。

一門・譜代の取立て

ところで、関東領国には、すでに万石以上の領地をもつ四〇名の上級家臣がいたが、家康は、覇権確立と同時に、かれらを一斉に独立の大名とした（譜代大名第一群）。これとともに、万石以下の譜代家臣のなかから、加封によって二〇名のものを大名に取立てた。かれらも、三河譜代が中心を占めている。ほかに、新しく帰属したり、新規に取立てた大名が八名あり、あわせて二八名となる（譜代大名第二群）。

こうして、戦争直後から慶長七（一六〇二）年までに、じつに六八名の徳川一門＝親藩・譜代大名がつくり出され、徳川氏の権力は飛躍的に強化された。そして、かれらは、関東ばかりでなく、関東外へも一斉に轡《くつわ》をそろえて進出し、旧領五ヵ国をはじめ、尾張・越前・美濃・近江・伊勢・陸奥（磐城）の諸国に配置された。

以上の戦後処理策によって、幕藩体制の大わくがつくられたが、徳川系大名の配置で重要なことは、豊臣権力（戦後秀頼は摂河泉六五万石の地方大名となる）との隣接地帯に、徳川一門をはじめ、武功派の有力譜代大名を配置したことである。

すなわち、尾張（清洲）・越前（福井）には、一門松平忠吉（五二万石）・結城秀康（六七万石　越前松平家）を配置するとともに、近江（佐和山）・伊勢（桑名）の要衝には、三人衆の井伊直政（一八万石）・本多忠勝（一〇万石）を配置した。榊原康政（上野館林　一〇万石）はそのままとしているが、これは常陸（水戸）・陸奥（磐城平）に新しく配置された一門武田信吉（一五万石）・鳥居忠政（一〇万石）らとともに、東北の外様大名に対峙する意味をもっていたからである。

このように、徳川一門をはじめ、武功派の有力譜代大名が、外様大名に対する第一線に立たされ、征服地の新領地の経営に専念するようになったことは、かれらがしだいに徳川政治の中枢から離れていくことを意味した。

失意に死ぬ三人衆

関ヶ原の役は、徳川氏の覇権確立を決定したが、それは同時に、戦国いらいの下剋上《げこくじょう》の思想に終止符を打つものであった。戦争の終結は、武功派の光栄ある舞台に幕をおろし、かれらを無用の長物と化していく。武功派が組織のなかで有力な地位を占め、政治の中枢に参加したこれまでの政治のしくみは、ここで大きく変化した。それは「庄屋じたて」の政治のしくみの変化であったわけだ。

こうして、徳川四天王いらい生命をたもった三人衆は、徳川政治の中枢から離れてゆき、これに代わって、関東領国の組織づくりに、すぐれた行政的手腕を発揮した本多正信、およびその子の正純《まさずみ》が、これまた関東内（相模小田原）にとどまった大久保忠隣らとともに、徳川政治の中枢を占め、初期江戸幕府政治を担当していくことになる。

時代の移りゆきを、ひしひしと身に感じながら、今日まで数かずの武功をたて、主君を勝利の道へとおしすすめてきた三人衆にしてみれば、才気智謀のみで擡頭した正信らは、我慢のならない存在であった。忠勝は、日頃から正信を「佐渡の腰ぬけ」とののしり、「代官役をするものは、大名狂言の役者のようなものだ」といって、吏僚派をさげすんだ。その忠勝も晩年には、

「われ若年より大君（家康）の御近習《ごきんじゆう》にはべり、幸いに御心にあいて、はばかりなくあい勤むるをもって、学問などする暇なし、文盲至極なりといえども、大君の金言を不断うけたまわりたれば、家を斉《ととのえ》一国をおさめること、少しは心得たるようなり。」

と述懐している。

慶長十一（一六〇六）年、病床を見舞いにきた家康の使者に対して、康政は、

「某《それがし》もちかごろ、腸がくさってかようにあいなった。」

といっている。それは、かつて軍議の席で、正信が何かと助言したのに対し、腹を立てた康政が、

「そなたなどのように、味噌・塩の算勘のみしか通じない腸のくされものが、このような手立てはわかるまい。」

といったのを、この場で、家康への最大の皮肉として述べたものといわれる。

病床のかれらの胸中に去来するものは、すぎし日の光栄ある武功であり、戦場の雄姿であったろう。こうして、直政は慶長七（一六〇二）年、康政は同十一年、忠勝は同十五年、家康と身命をともにして歩んできたその波瀾の生涯に、それぞれ終止符を打った。三人衆の時代は終りを告げたのである。

Ⅱ　家康・秀忠の側近政治

大御所と将軍

家康、将軍となる

『東照宮《とうしょうぐう》御《ご》遺《い》訓《くん》』というものがある。書き出しに、「人の一生は、重荷を負うて遠き道をゆくがごとし、いそぐべからず」とある。まことに覇権確立までの家康の一生は、重荷を負うて遠き道をゆく旅人の形相であった。六十年におよぶたえまない忍耐と苦闘の、しかも堅実な歩みは、じつに江戸幕府の確立に向けられたものであった。

家康は、覇権確立後も、急がずあわてず、周到に戦後処理をおこない、これから組織すべき幕藩体制の大わくをつくっておいて、三年後の慶長八（一六〇三）年二月十二日、将軍宣下をうけ、江戸に幕府をひらいた。この日家康は、後陽成《ごようぜい》天皇から、伏見城において、右大臣、征夷大将軍、源氏長者、淳和《じゅんな》奨学《しょうがく》両院《りょういん》別当《べっとう》に任じられ、牛車《ぎっしゃ》・兵仗《へいじょう》をゆるされた。

これは、室町幕府の先例にならったもので、ここに家康は、源氏の長者であり、かつ室町幕府の後継者として、武家の棟梁《とうりょう》であることを、天皇から正式にみとめられた。幕府をひらくには、このように、天皇から征夷大将軍に任命されて、政権の委任をうけるという手続きをふまなければならなかったが、それは、武家政治に対する倫理的基礎が公的にあたえられたことを意味した。

これより先、家康は、井伊直政・本多忠勝・榊原康政・本多正信・大久保忠隣らに、今後の徳川氏の居城について、関東と上方のいずれをえらぶか、秀忠の意見をたずねさせた。秀忠は「私はまだ若年なので、父上の考えにおまかせする」とこたえた。そこで、家康は「では、関東に居城を定めて、天下の政治をおこなうことにしよう」といって、江戸を居城ときめ、ここで幕府をひらくことにしたという。

正信・忠隣の世嗣論争

世継ぎを定めるについても、家康は、直政・忠勝・康政・正信・忠隣の五名に、平岩親吉《ひらいわちかよし》をくわえて、相談をもちかけた。正信は、

「秀康公は、事実上のご長男で、智略武勇もかねそなえておられる。世継ぎとして、まことにふさわしい。」

といって、次男の秀康をおした。直政は四男の忠吉をおし、忠勝・親吉もそれぞれ意見を述べた。ところが忠隣は、

「乱世のときは武勇が主であっても、天下を治めるには文徳が必要と存じます。秀忠公は、文武をかねそなえておられるばかりか、第一に孝心深く恭謙のお人柄なので、天意人望の帰するところは、この君でござりましょう。」

といって、三男の秀忠をつよくおした。康政も忠隣の意見にしたがったが、早くも世継ぎの決定をめぐって、正信と忠隣はまっこうから対立し、火花を散らしたのであった。

家康は、この日、重臣の意見をきくだけで、何もいわなかったが、一両日たって、ふたたび六名をよびよせ、「忠隣のいうところが、予の意にかなった」といって、世継ぎを秀忠に決定した。忠隣が秀忠の無二の側近になるきっかけは、こうしてつくられた。

将軍職を秀忠にゆずる

家康は、将軍となった二年後の慶長十（一六〇五）年二月、譜代・外様の諸大名および旗本からなる十万余の軍勢をひきつれて入京し、京都市民を前代未聞とおどろかせたが、これはじつに将軍職を秀忠にゆずるためのデモンストレーションであった。四月七日には、正式に将軍職の辞退を申し出、十六日には、秀忠が征夷大将軍に補せられた。

六十年におよぶ忍耐と苦闘の結果かちえた将軍職を、わずか二年で秀忠にゆずったのは、戦国いらいの下剋上《げこくじょう》の思想に最後のとどめを刺し、徳川氏の永久政権を天下に宣言するためであった。とくに豊臣方では、徳川政権は、秀頼が成長するまでの一時的なもの、という考え方が根づよく、家康が将軍になったときは、秀頼が関白《かんぱく》になる、といううわさが乱れとんだ。こうしたムードのなかでは、徳川永久政権の宣言は、一日も早い方がよいわけで、それによって、豊臣方に、政権回復の期待を完全に断念させようとしたのである。

家康の将軍宣下に動揺した豊臣方が、秀忠のかさねての将軍宣下に一大衝撃をうけたのは無理もない。しかも家康は、秀吉夫人の高台院《こうだいいん》を通じて、秀頼の上京をうながし、秀忠の将軍宣下を祝賀するように催促した。これは、豊・徳二氏の位置の顚倒を、豊臣方がみとめるかどうか、さぐりを入れたものであった。秀頼の生母淀殿《よどどの》がこれをみとめるはずがない。きっぱりとことわった。すわ戦争と、気の早い市民は、荷物をまとめて避難するありさまであった。家康のひきいる十万余の軍勢は、そのためのデモンストレーションであったわけだ。

しかし、家康はこのとき、戦争する意思はもともとなく、六男の忠輝を新将軍の名代として大阪につかわし、挨拶させたので、事態はいちおう平穏にもどったが、それはやがて大阪の役における豊臣氏討滅へと発展する。

嫡庶の区別

こうして、三男の秀忠が家康の世継ぎとなり、二代将軍に就任したが、家康はもともと長子相続を考えていた。

あるとき、近臣との夜話のおり、近臣たちが口をそろえて、

「頼朝は名将といわれていますが、平家追討にさいして、範頼と義経の二人の弟は、すぐれた軍功をたてたのに、のちになって殺すとは、冷酷もはなはだしい。」

と非難すると、家康は、

「それは世にいう判官びいきというもので、とるにたりない。すべて天下を治めるものは、自分の職をゆずるべき長男以外は、とくに待遇しなくてもよい。ほかの大名とかわるところはないのだ。兄弟もこのことをよく心得て、身をつつしみ、上をうやまい、万事を篤実にしなければならない。もし、兄弟であるからといって、無道のおこないをしているのをみのがしては、外様への示しにならない。無道であれば配流し、反逆のくわだてをすれば死刑にするのがよい。すべて天下の主の心と大名の心とは大変ちがうものだ。こうしたことをわきまえないで、頼朝を非難するのは、婦女子の考えにひとしい。」

と語っている。家康は、嫡庶をはっきりと区別していた。秀忠の相続にさいしては、いちおう重臣に相談しているが、かれが決定したのには、長男の信康がすでになく、次男の秀康は、いったん秀吉に養子にやったという事情があった。したがって、孫の竹千代（家光）と国千代（忠長《ただなが》）に対しては、はっきりとこれを区別し、手をひき菓子をあたえるにも、竹千代をさきにするという気のくばりかたであった。

徳川永久政権を求める家康にとって、嫡庶をはっきり区別することは、きわめて重要なことであり、それは一門大名に対する徳川宗家＝将軍家の絶対権を確立し、世継ぎ問題をめぐる対立・抗争を未然に防ぐためにも、ぜひ必要なことであった。

江戸と駿府の二元政治

将軍職を秀忠にゆずって「大御所《おおごしょ》」となった家康は、駿府にしりぞいて、おもてむきは政治から引退する形をとったが、実際は政治の実権をにぎり、秀忠を教導しながら、事実上の全国支配者として、江戸幕府を統一政権とする幕藩体制の堅実な組織づくりに邁進した。

このように、初期の幕政は、将軍政治（江戸）と大御所政治（駿府）の二元政治の形をとって展開するが、両者は表面上破綻を生ずることなく推移した。この点について『徳川実紀』は、「公（秀忠）、篤恭謙遜の御徳備らせ給い、御孝心たぐいなくおわしましければ、御代ゆずらせ給いし後も、万の事ども、みな大御所（家康）の御教をうけとわせ給い、いささかも御心にまかせ給う事はなかりしとぞ。」と記している。しかし、表面上破綻を生じなかったのは、むしろ家康の巧妙な統制によるものであり、両者の矛盾は底を流れていた。

江戸の将軍政治は、当面、幕府の基礎づくりを主な目的とした。その中心は大久保忠隣であり、酒《さか》井忠世《いただよ》・土井利勝《どいとしかつ》がこれにつづいた。かれらは、いわゆる幕閣の源流をなすもので、創業期の将軍政治を運営した。

これに対して、本多正信は、

「両御所（家康・秀忠）に奉仕して、乱には軍謀にあずかり、治には国政をつかさどり、君臣のあいだあい遇うこと水魚のごとし、しかのみならず、諷諫をたくみにして、御親子のあいだむつまじく、また上下志を通ぜしむるに至るまで、その功おおいなり。」

とあるように、家康・秀忠の両者につかえ、駿府の指令を幕閣に履行させる役割を果した。このように、幕府創設後の正信の地位はますます高くなり、「何事も、佐州（佐渡守＝正信）一人にて、御前の議はあいすみ申すとあいみえ申し候」と、評されるようになった。また正信は、青山忠成・内藤清成とともに、ひきつづいて関東総奉行をつとめた。

名門忠世と新参利勝

酒井《さかい》忠世《ただよ》は、譜代の最上席を占める酒井氏のうち、雅楽頭《うたのかみ》家の嫡子として、元亀三（一五七二）年三河に生まれた。祖父正親《まさちか》は、徳川氏の家老として重きをなし、父重忠《しげただ》は、武功派の一人として活躍し、関東入国後は、武蔵川越にて一万石、覇権確立後は、二万三千石加増されて上野厩橋《うまやばし》に配置された。

忠世は、出生後まもなく家康に仕え、関東入国後は、武蔵入間郡（川越領）のうちにて五千石あたえられ、この年より秀忠の家老となった。覇権確立後は、父と同じ上野の那波に配置されて一万石、その後、二回の加増を経て、慶長十四（一六〇九）年には二万石となった。

このように、忠世が譜代の名門に生まれたのに対して、土井利勝《どいとしかつ》は、家康の御落胤という説もあって、その素性ははっきりしない。江戸時代の諸家系譜を集大成した『寛政重修諸家譜《かんせいちょうしゅうしょかふ》』には、「貞秀より利昌に至るまで、そのあいだ世系を失う」として、系図の最初に、父の利昌《としまさ》をおいている。新《あら》井《い》白石《はくせき》の『藩翰譜《はんかんぷ》』には、「大炊頭源利勝は、摂津守頼光朝臣の後、美濃国の源氏土岐の庶流、土居遠江守貞秀が末孫、小左衛門利昌が嫡男なり」とある。

いずれにしても、土井氏が新参の譜代であることは明らかで、利勝は、天正元（一五七三）年遠江（浜松）に生まれ、幼少から家康に仕え、同七年、七歳で同年生まれの秀忠に付けられた。家格は忠世よりおちるが、秀忠との結びつきはもっとも早く、関東入国後は、武蔵のうちにて一千石、覇権確立後は、下総小見川にて一万石、慶長十五（一六一〇）年には、同国佐倉に移され、三万二四〇〇石に加増されて老職となるなど、とんとん拍子に昇進をつづけ、忠隣・忠世とともに秀忠の重臣となった。

利勝の昇進は、正信に似ており、明敏で智略にとむ吏僚派の大名であった。しかし、かれが幕閣の第一人者として活躍するのは、家康・正信の死後、秀忠の政治が名実ともに具体化してからである。

このように、江戸の幕閣が、秀忠の側近勢力によって固められたことは、駿府の指令役であり、家康に重用された正信に対する反感をつよめ、かれを疎外しようとする空気を生むことになった。

家康の側近グループ

四グループの側近

江戸の将軍政治が、幕府の基礎づくりを主な目的とし、その範囲は、だいたい関東を中心としていたのに対し、駿府の大御所政治は、文字通り全国統治の政権として君臨し、強力に作用していた。それは、家康側近の多彩な顔ぶれをみればわかるが、かれらは、大きく分けて、つぎの四つのグループよりなっていた。

第一のグループは、新参譜代と近習《きんじゅう》 出頭人《しゅっとうにん》のグループで、前者に本多正信の子正純《まさずみ》のほかに成瀬《なるせ》正成《まさなり》・安藤直次《あんどうなおつぐ》・竹腰正信《たけごしまさのぶ》らがあり、後者に松平正綱《まつだいらまさつな》・板倉重昌《いたくらしげまさ》・秋元泰朝《あきもとやすとも》らがあった。

第二のグループは、僧侶と学者のグループで、前者には、金地院崇伝《こんちいんすうでん》・天海《てんかい》らがあり、後者には、林《はやし》羅山《らざん》以下の儒学者があった。

第三のグループは、豪商と代官頭のグループで、前者には茶屋四郎次郎（清次）・後藤庄三郎・角《すみの》倉了以《くらりょうい》・今井宗薫《いまいそうくん》・湯浅作兵衛《ゆあささくべえ》ら、後者には伊奈忠次・大久保長安・彦坂元正らがあった。

第四のグループは、外国人のグループで、イギリス人ウイリアム＝アダムス（三浦按針《みうらあんじん》）・オランダ人ヤン＝ヨーステンらがあった。

家康をとりまくこれらの多彩な側近は、大御所政治の強力なブレーンとなり、徳川権力を強化し、幕藩体制を組織するために、各分野に分かれて、強力な政策をおしすすめたのである。

側近筆頭の本多正純

側近グループの筆頭は、いうまでもなく、第一グループに属する新参譜代であり、とりわけ本多正《ほんだまさ》純《ずみ》が目立っていた。かれは正信の嫡子で、永禄八（一五六五）年三河に生まれた。なかなかの器量人で、その智略は父に劣らなかったといわれる。いったいに父よりひらけていて、文事も解したが、辛辣味もいっそうはなはだしかった。典型的な吏僚派である。家康も、早くからその智略に目をつけて、

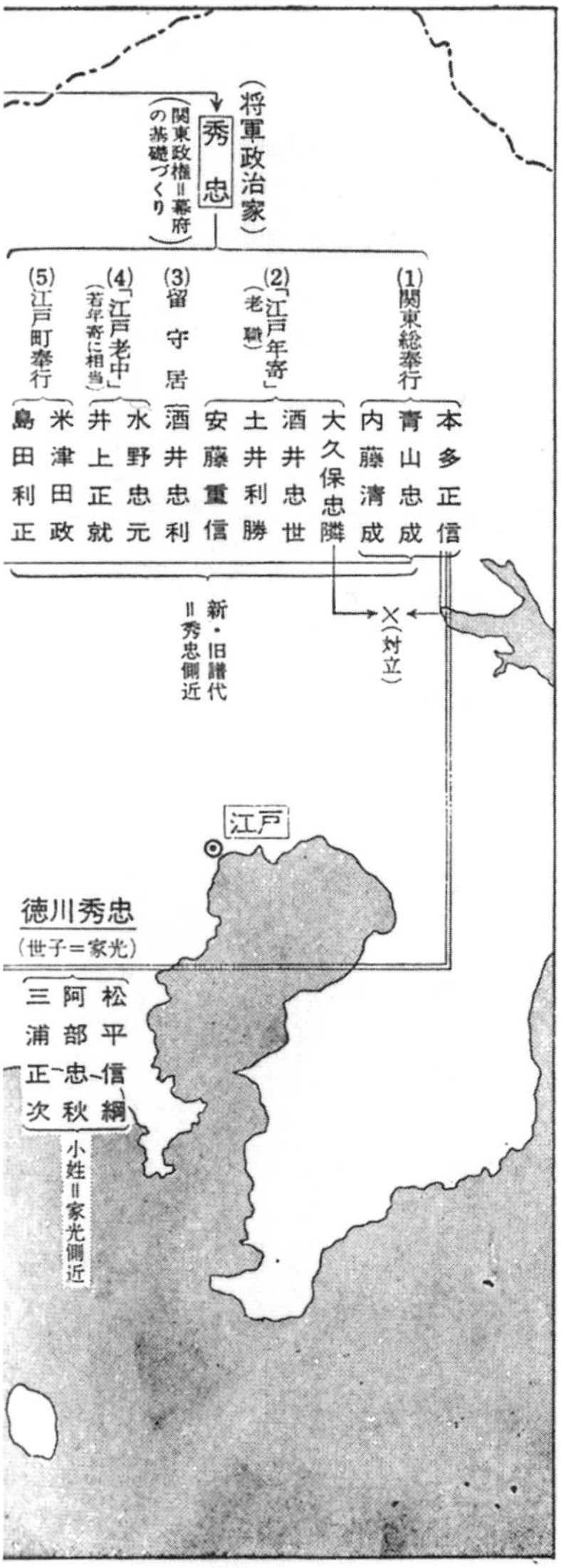

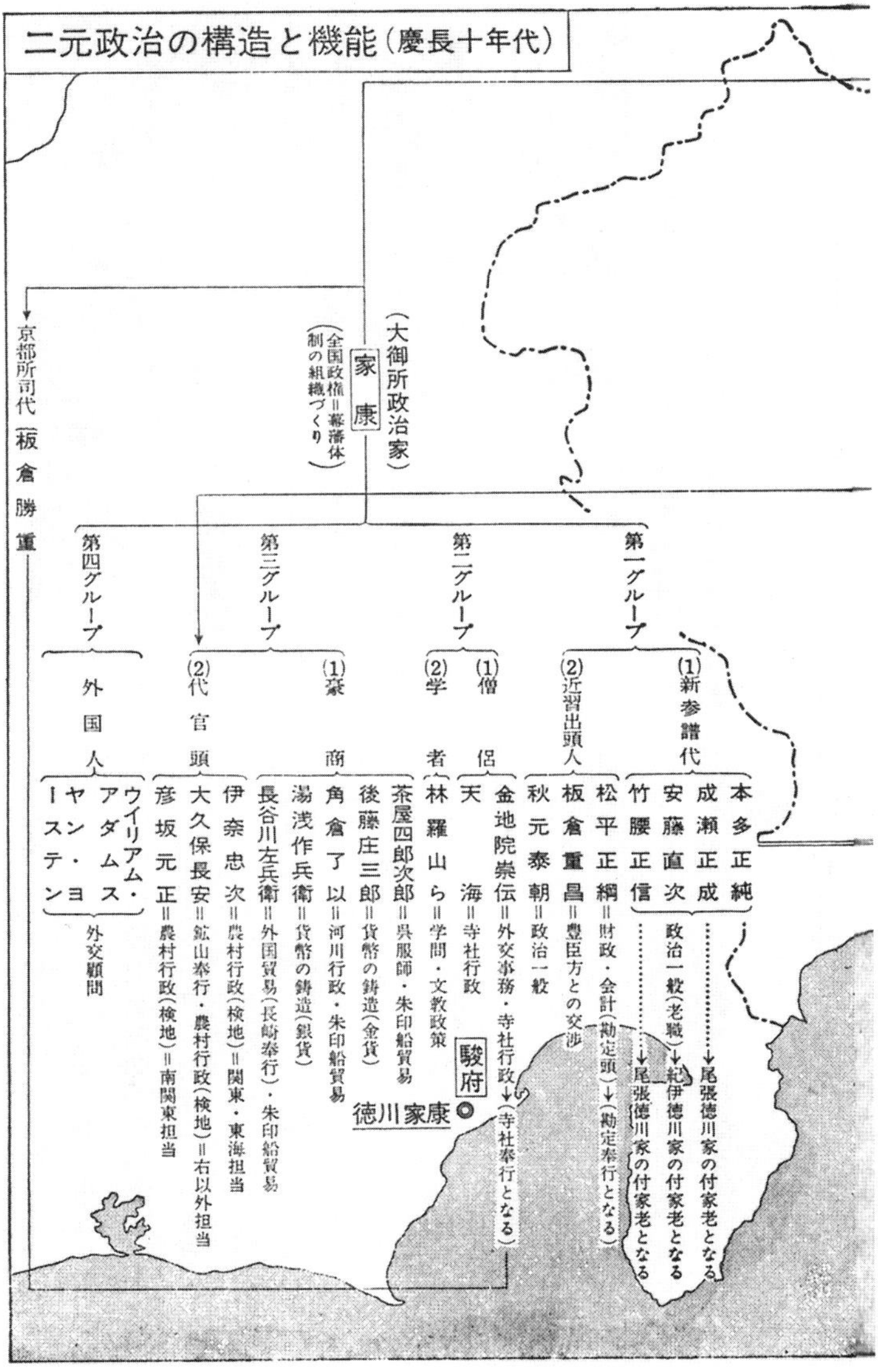
二元政治の構造と機能(慶長十年代)
(大御所政治家)
家康
(全国政権＝幕藩体制の組織づくり)
京都所司代(板倉勝重)
第一グループ
(1)新参譜代
本多正純
成瀬正成
安藤直次
竹腰正信
政治一般(老職)
→尾張徳川家の付家老となる
→紀伊徳川家の付家老となる
→尾張徳川家の付家老となる
(2)近習出頭人
松平正綱＝財政・会計(勘定頭)→(勘定奉行となる)
板倉重昌＝豊臣方との交渉
秋元泰朝＝政治一般
第二グループ
(1)僧侶
金地院崇伝＝外交事務・寺社行政→(寺社奉行となる)
天海＝寺社行政
(2)学者
林羅山ら＝学問・文教政策
第三グループ
(1)豪商
茶屋四郎次郎＝呉服師・朱印船貿易
後藤庄三郎＝貨幣の鋳造(金貨)
角倉了以＝河川行政・朱印船貿易
湯浅作兵衛＝貨幣の鋳造(銀貨)
長谷川左兵衛＝外国貿易(長崎奉行)・朱印船貿易
(2)代官頭
伊奈忠次＝農村行政(検地)＝関東・東海担当
大久保長安＝鉱山奉行・農村行政(検地)＝右以外担当
彦坂元正＝農村行政(検地)＝南関東担当
第四グループ
外国人
ウイリアム・アダムス
ヤン・ヨーステン
外交顧問
駿府
徳川家康

近侍させ、内密の相談をもちかけた。後藤庄三郎がつねに語ったところによると、「何故にや、権現様（家康）には、父の佐渡守をば、佐渡ああいたせ、こうせなどと仰せられしが、子の上野介には、いつも上野殿ああめされ、こうめされなどと、きっとしたる御詞づかいにてありし。」

とある。そのかれが敏腕を縦横に発揮するのは、家康に属して駿府に移ってからであり、内政はもとより外交にいたるまで参与した。当時の一外国人（フライ＝ルイス＝ソテロ）が、かれを「外交内政顧問会議長」と称したのも当然であろう。『家康文書』のなかで、正純の書状がひじょうに多いのは、かれの広汎な活動範囲と地位の高さを物語っている。文字通りかれは、大御所政治の第一の担い手であり、駿府系政治家のチャンピオンであった。

このように、本多父子は、江戸と駿府に分かれ、あるいは両者を往復して、初期の幕政に重要な位置を占め、父子ならんで権勢をふるったのであり、この二人に、武功派に代わる吏僚派の活躍の典型をみることができる。こうして、本多父子に対する秀忠側近の反感はしだいに高まり、徐々に対立を深めていった。

正成と直次

成瀬《なるせ》氏は、三河譜代に属するが、父正一《まさかず》のとき、いったん三河を離れ、姉川の戦いでふたたび家康に仕えた帰り新参譜代の家柄である。正一は、家康の甲斐経営のとき、甲斐奉行として活躍し、関東入国後は、二一〇〇石の旗本として代官職をつとめた。正成《まさなり》は、正一の長男であるが、正一家は、四男の正勝《まさかつ》が相続し、正成は、幼少から家康に近侍して別家となった。関東入国後は、下総栗原にて四千石あたえられ、のち家康に属して駿府に移り、正純とともに駿府の老職として活躍した。

安藤《あんどう》氏も三河譜代であるが、直次《なおつぐ》は、基能《もとよし》の嫡子として生まれ、幼少から家康に近侍した。姉川の戦いいらい、たびたびの合戦に出陣し、関東入国後は、武蔵のうちにて一千石あたえられ、のち家康に属して駿府に移り、正成とともに駿府の老職として活躍した。

第一グループに属する新参譜代のうち、正純についで、以上の正成・直次の二人が活躍したが、正成は慶長十二（一六〇七）年、直次は同十五年、それぞれ家康の九男義直《よしなお》（尾張徳川家）および一〇男頼宣《よりのぶ》（のちの紀伊徳川家）の付家老《つけがろう》となり、徳川一門の育成強化にあたることになった。これに代わって活躍するのが近習出頭人のグループである。

近習出頭人

近習出頭人とは、能力や才智によって重用された側近頭であり、この場合は、家柄や武功はあまり必要としない。その意味では、典型的な吏僚派である。こうした側近頭が駿府系政治家のなかで重用されたことは、適材適所という家康の人材登用方針によるものであるが、それと同時に、幕藩体制の組織づくりにさいし、民政の強化が急務となったことを示している。

松平正綱《まつだいらまさつな》は、大河内秀綱《おおこうちひでつな》の次男として、天正四（一五七六）年遠江に生まれた。大河内氏は三河譜代であるが、家柄は低く代官役をつとめた。ところが正綱は、同十五年、十二歳のとき、家康の命によって、「十八松平」の一つ長沢松平正次《ながさわまつだいらまさつぐ》の養子となり、松平姓を称するようになった。文禄元（一五九二）年から家康に近侍し、算勘の明るさをみとめられたが、のち駿府の近習出頭人となり、勘定頭《かんじようがしら》の地位について、幕府の財政・会計の任にあたった。これは、幕府三奉行の一つ勘定奉行の源流をなすものである。『藩翰譜』は正綱について、「天下郡国の吏務、貢賦の結解《けちげ》をつかさどり、要劇の職にありて、終に一時の淹滞《えんたい》なし」と評している。その能吏ぶりが理解できよう。

板倉重昌《いたくらしげまさ》は、すでに述べた勝重の三男として、天正十六（一五八八）年駿府に生まれた。勝重は、覇権確立後の慶長六（一六〇一）年、江戸の町奉行より京都所司代に昇進したが、重昌は、同八年、十六歳のとき、家康にみとめられてより近侍し、のち正綱とともに駿府の近習出頭人となった。主に城中のことをつかさどり、豊臣方との交渉にあたった。下って島原の乱では、幕府討伐軍の上使に任命される。

秋元泰朝《あきもとやすとも》は、長朝《ながとも》の嫡子として、天正八（一五八〇）年武蔵に生まれた。秋元氏は、関東上杉氏の旧臣で、父長朝のとき、家康に帰属し、関ヶ原の役にさいして、上杉景勝との交渉に智謀をあらわしてみとめられ、譜代大名に取立てられた。泰朝は、家康に近侍して入魂《じつこん》の間柄となり、のち重昌とともに駿府の近習出頭人となった。

成瀬正成・安藤直次が駿府を去ったあと、以上の三人が加判の列にくわわり、本多正純の下にあって活躍した。

〝黒衣の宰相〟崇伝

第二グループに属する僧侶の金地院崇伝《こんちいんすうでん》は、〝黒衣の宰相〟といわれ、駿府の黒幕政治家として、徳川権力の強化のために、多方面にわたってめざましく活躍した。かれは、永禄十二（一五六九）年、足利義輝の家臣一色秀勝《いっしきひでかつ》の子として生まれた。足利氏の滅亡にさいして父と死にわかれ、幼少から南禅寺に入って僧となった。慶長十（一六〇五）年には、南禅寺の住持となり、同寺の再興をはかった。

その崇伝が、家康に召し出されるのは三年後の慶長十三（一六〇八）年であり、この年、家康から駿府によばれ、外交文書をつかさどるようになった。これより外交事務はことごとくかれの手を経るようになったが、この間の事情については、『異国日記』という記録を書きのこしている。こうしてかれは、しだいに政治的手腕をみとめられ、慶長十六年には、京都の諸寺領の検地に関係し、翌年からは、京都所司代の板倉勝重とともに、寺社行政も担当するようになった。これは、幕府三奉行の一つ寺社奉行の源流をなすものである。

当時の外交・思想上の問題で、もっとも重要な問題は、キリスト教の問題であった。家康は、最初キリスト教の布教を黙認する態度をとったが、やがてかれらの行為は、家康の目ざす幕藩体制の組織づくりに有害な存在であると考え出し、ついに禁教にふみ切った。

仏教徒である崇伝が、キリスト教の熱心な反対者であったことはいうまでもないが、家康の禁教決意には、第四の外国人グループの働きかけも無視することはできない。ウイリアム＝アダムス・ヤン＝ヨーステンは、いずれも新教国のイギリス・オランダ人であり、かれらは家康の側近に侍して外交顧問となり、旧教国であるポルトガル・イスパニア両国の、日本に対する領土的野心を家康に吹き込んだ。

こうして家康は、後述するような慶長十七（一六一二）年の〝岡本大八《おかもとだいはち》事件〟を直接のきっかけとして、同年には直轄都市に、翌年には全国津々浦々に禁教令を発した。このとき崇伝は、家康の命によって、徹夜で長文の伴天連《ばてれん》追放文を書き上げた。その文によると、

「キリシタンの徒党は、日本にきて商船を送り貿易をするばかりでなく、邪法をひろめて日本の政治をあらため、日本を奪いとろうとしている。……徒党らは政令にそむいて神道を疑い、正法をそしり、処刑されたものを喜んで拝礼している。このような邪法は神敵・仏敵である。急いで禁止しなければ、のちのち必ず国家のわざわいとなるものである。」

というものであった。すべての国民を仏教徒にしばりつける基礎は、こうしてつくられた。キリシタンの宗旨を変えたものに、寺院でその証明書（寺請証文《てらうけしょうもん》）を出させる制度がそれであり、これは島原の乱後、寺請制度として強化され、幕府の宗教政策の基本をなした。崇伝は、幕府の宗教政策の事実上の立役者であったのである。

崇伝の活躍は、なおも多方面にわたった。京都方広寺《ほうこうじ》の〝鐘銘《しょうめい》問題〟がそれであり、これは大阪の

役の直接の原因をなすものであった。また、幕府の基本法令をなす元和元（一六一五）年の「武家諸法度」「禁中並公家諸法度」、および「諸寺院法度」の制定に参画するなど、めざましい活躍を示した。

黒幕政治家、天海

天海《てんかい》も崇伝とならんで、駿府の黒幕政治家として、幕府の宗教政策に重要な活躍をした。かれは百八歳で死んだといわれ（寛永二十＝一六四三年）、それによって生年を逆算できるが（天文五＝一五三六年）、真偽のほどは疑わしい。会津の生まれで蘆名《あしな》氏の支族ということになっている。幼少から仏門に入り、のち比叡山に登って仏教の諸学をおさめた。慶長のはじめ、豪海のあとをついで名を天海とあらため、武蔵仙波の北院を領した。のちふたたび比叡山におもむき、南光坊に住して学徒の教化にあたった。このころ、後陽成天皇に召されて法要を説き、智楽院の号を賜わっている。

かれは、慶長十五（一六一〇）年、家康に召されて駿府におもむき、これより家康の側近として、崇伝とともに活躍した。『徳川実紀』は、

「これより眷注《けんちゆう》あさからず、常に左右に侍して顧問にあずかり、それが申すところのこと、一事として用いられずということなし。」

と記している。家康の天海に対する信任ぶりが理解できよう。慶長十七年には、家康から武蔵仙波の北院（喜多院の号を付す）の住職を命じられ、寺領三〇〇石をあたえられた。

かれは、方広寺大仏殿の開眼供養《かいげんくよう》にさいし、座席問題で豊臣方に注文をつけ、崇伝とともに、大阪

の役の発生に一石を投じたが、家康の在世中は、むしろ崇伝の活躍が目立っており、これに対して天海は反感を抱いていた。こうして、家康の死後、両者の対立は激しくなり、家康の遺言をめぐって激突することになる。

博識のブレーン、羅山

儒学者の林羅山《はやしらざん》（名は信勝《のぶかつ》、のち剃髪して道春《どうしゅん》とあらたむ）は、天正十一（一五八三）年京都に生まれ、幼少から京都五山の一つ建仁寺《けんにんじ》の僧として育ち、儒学をきわめた。のち家に帰って勉学にはげみ、慶長五（一六〇〇）年、十八歳のとき、宗学の註解をとなえて、四書五経《ししょごきょう》を教授した。同九年、二十二歳で藤原惺窩《ふじわらせいか》にあい、その門人となったが、そのときまでに、すでに四四〇余部・数千巻にのぼる漢籍を読みきわめて、その学力は惺窩に劣らなかったといわれる。

慶長十年、二条城ではじめて家康にあったが、徳川権力の強化のために、あらゆる力を動員しようとする家康の目に、かれの該博な知識がとまらないはずはなかった。これより家康に信任されて側近となり、学問・文教政策のブレーンとして活躍した。

羅山は儒学者の立場から、キリスト教につよく反対し、伴天連追放に一役かったが、崇伝とともに外交文書の起草にもあたった。方広寺の〝鐘銘問題〟では、崇伝を上回る解釈を下して、〝家康学校〟の優等生ぶりを発揮し、曲学阿世の醜態をさらけ出す結果となった。

また、崇伝とともに、幕府の法令制定の準備をするなど、その活躍は多方面にわたったが、その中心は、かれの学問＝朱子学を幕府の官学とする基礎をきずいた点にあった。こうしてかれは、のちに幕府の修史事業の中心人物として活躍することになる。

幕藩体制の組織づくり

江戸城の建設

幕藩体制の組織づくりとは、関東時代の新領国の組織づくりを、全国的規模に拡大することであり、近世封建社会を組織することである。これには、大御所・将軍の政治ブレーンが総動員され、各分野に分かれて、政策の推進にあたったが、とりわけ、新しい町づくり・村づくりにさいしては、家康側近の第三グループに属する豪商と代官頭の活躍が目立っていた。

江戸は、家康の覇権確立によって、徳川氏の城下町から幕府の所在する政権の中心地に発展したが、これと同時に、諸大名の証人（人質）差し出しが多くなり、大名屋敷がもうけられるようになった。こうなると、大規模な城郭と江戸町の建設が必要となり、家康は、将軍宣下の直後から、諸大名を動員してその工事にとりかかった。

まず、慶長八（一六〇三）年には、諸大名を動員して、神田山（駿河台・御茶ノ水丘陵）を掘りくずし、その土で外島（豊島）の洲崎を埋立て、市街地を拡張した。いまの日本橋浜町から南の新橋辺にいたる下町は、こうしてつくられた。日本橋がかけられたのもこのときである。

こうして、市街地を拡張しておいて、翌九年には、江戸城普請の計画を発表し、西国の外様大名を中心に、石船調達の課役を命じて、石材を伊豆から運ばせた。こえて慶長十一年になると、助役の諸大名もつぎつぎに江戸にのぼり、石材採取の指揮にあたった。このとき、代官頭の大久保長安《おおくぼながやす》は、本多正信・大久保忠隣の命令で、江戸城の白壁にぬる白灰を、武蔵の支配地から運搬する役を受持っている。

こうした準備ののち、諸大名の分担によって、江戸城の本格的な工事がはじめられ、本丸・二丸・三丸のほか、外郭の石垣がほぼできあがり、この年の九月、秀忠は新装なった本丸に入った。家康が、かつて江戸に向かう船中で、武蔵をながめながら、「末代のために石山をきずこう」と語った言葉が、諸大名の手伝普請によって、ここに実現したのである。

ついで、翌十二年には、東国の外様大名を中心に、ふたたび江戸城工事の課役を命じ、天守閣のほか、主に掘割り工事にあたらせた。このとき、高さ一〇間、広さ二〇間四方の石垣の上に、五層の天守閣ができあがった。それは、徳川氏の天下統一を象徴するのにふさわしい威容をそなえていた。

この両年の拡張工事により、和田倉・大手町方面に発達した町まちは、新市街地の日本橋方面に強制移転させられ、さらに、宝田村・千代田村の住民も、日本橋・京橋方面に移って、大伝馬町などをひらいた。こうして、江戸町人町の中心は、日本橋筋に移り、主な商工業地域がつくられたのである。

こうした江戸城の建設と市街地の整備のためには、建築資材をはじめ、各種の尨大な物資を運ぶ必要があり、そのためにも、交通制度はいそいでととのえる必要があった。

交通制度の整備

家康は、関東入国後、宝田村の馬込勘解由《まごめかげゆ》らに伝馬役《てんまやく》の支配を命じたが、覇権確立後は、伝馬制度の整備をいそぎ、慶長六（一六〇一）年、大久保長安らの代官頭のグループに命じて、東海道・中山道に伝馬制度を定めさせた。ついで翌七年には、伝馬手形の発行権を町年寄の奈良屋市右衛門《ならやいちえもん》・樽屋《たるや》三四郎《さんしろう》の両人にあたえ、こえて慶長九年には、東海・中山・奥羽・北陸の諸街道を修理し、いわゆる「一里塚」をつくって、交通制度をととのえた。この一里塚工事の総奉行には大久保長安があたっている。

慶長十一年には、江戸城の拡張工事によって、宝田村・千代田村の住民は、日本橋・京橋方面に移ったが、このとき、馬込（大伝馬町）・高野・小宮（南伝馬町）らは、町名主と道中伝馬役を命じられた。

なお、これらの町役人の上にあって、江戸の町方をおさめる町奉行は、板倉勝重のあと、一時関東総奉行の青山忠成・内藤清成がかねたが、慶長九年より土屋重成・米津田政《よねきずたまさ》の両人があたり、同十八年からは島田利正がこれに代わった。

陸上交通の整備とならんで、水上交通もしだいにととのえられ、河川の開鑿《かいさく》工事がおこなわれたが、これには、京都の豪商で貿易家でもある角倉了以《すみのくらりょうい》の力が大きかった。かれは水利土木にすぐれた技術をもち、慶長十一（一六〇六）年の保津川の開鑿をはじめ、翌十二年には、富士川を開鑿して、駿河の岩淵から甲府にいたる舟行をひらき、まだ舟をみたことのない甲州人に、「魚でもないのに水を走っている、怪なるかな！　怪なるかな！」と叫ばせた。また、天竜川を開鑿して、信濃の諏訪に舟を通わせ、慶長十六年には、賀茂川を二分して、三条から伏見にいたる高瀬川を掘った。これによって、大阪の舟が京都まで通うようになり、物価が下って京都の町人をよろこばせた。

無欠の所司代、勝重

家康は、江戸城のほか、二条城・伏見城・駿府城をはじめ、名古屋城・高田城・彦根城・長浜城・篠山城など、徳川一門・譜代大名の築城工事にも、外様大名を動員して、その整備にあたったが、これと同時に、京都・伏見・堺・長崎・奈良・山田などの主要都市を直轄し、これらの都市にも、新しい町づくりをおしすすめ、支配組織をととのえていった。

京都の直轄は、まず信長が先鞭をつけ、秀吉がこれを受け継いだ。家康も覇権確立後ただちに直轄し、奥平信昌《おくだいらのぶまさ》を所司代に任じたが、翌慶長六（一六〇一）年、板倉勝重《いたくらかつしげ》をこれに代えた。所司代は、朝廷を守護し、公家および西国大名を監視する重要な職で、勝重は就任当時は旗本であったが、慶長十四年加増されて譜代大名となり、同十七年からは、金地院崇伝とともに、寺社行政も担当した。

勝重の所司代就任は、本多正信の推薦によるものであるが、かれは公正無私の人物で、所司代就任にさいしては、妻に相談し、賄賂・その他の災が、すべて婦人からおこることを説明して、一切口出ししないことを確約させ、しかるのち、これを引受けたという。当時、大阪には豊臣秀頼がおり、上方は物情騒然たるものがあったが、勝重は所司代就任後、公正な態度でこれにのぞみ、よくその重責を全うした。

『藩翰譜』は勝重について、「事一つとして淹滞《えんたい》なく、物一つとして廃欠なく、天下みなその能を称せずという者なし」と評している。また、その裁判ぶりについて『徳川実紀』は、「すべてこの人の庁に出て裁断うけしものは、訴にまけしものも、おのが罪を悔いて奉行をうらみざりしとぞ聞えける。此一事にても、その才徳のすぐれたるは、おしてしるべきなり」と記している。

こうして勝重は、家康・秀忠の信任をえて、二〇年の長きにわたって所司代をつとめたが、そのあと子の重宗《しげむね》が、これまた秀忠・家光の信任をえて、じつに三五年の長きにわたって、この職をつとめた。重宗も父に劣らない公正無私の人物で、よくその重責を全うし、「三十余年がうち、行ないし所の政事、人の咎むる事あらざりき、後世には有がたき賢臣なり」と評されている。

板倉父子の功績によって、初期の所司代の地位はひじょうに高く、寛永期の幕閣のなかでは、老中松平信綱《まつだいらのぶつな》の上席にあった。所司代が老中同席をはずされたのは、重宗に代わって牧野親成《まきのちかなり》が所司代に就任してからであり、老中につぐ地位をあたえられ、のちには、所司代→老中というコースが成立した。

伏見は、京都と大阪をつなぐ水陸の要地で、晩年の秀吉は、ここを隠居所としたが、家康も、五大老時代ここで政務をとった。覇権確立後、京都とともに直轄し、伏見奉行についで、慶長十二（一六〇七）年には伏見城代をもうけ、松平定勝《まつだいらさだかつ》をこれに任じた。

貿易港の直轄支配

家康の畿内経営は、以上の京都と伏見を拠点としてすすめられ、とくに豊臣方に対する軍事的拠点は伏見にあったが、この両都市のほか、直轄都市として重要なのは、貿易港である堺と長崎であった。

堺は、中世いらい貿易港として栄えたところで、畿内商業の中心地でもあった。ここは、戦国時代三六人の会合衆《えごうしゅう》とよばれる豪商によって市政が運営され、自治を誇っていた。信長は、堺の鉄砲生産に目をつけて直轄し、秀吉も、これを受け継いだが、家康も、これに目をつけて、覇権確立後直轄し、成瀬正成を堺奉行に任じて、堺をおさめさせ、豪商との連繋をふかめた。家康側近の豪商グループでは、今井宗薫《いまいそうくん》・湯浅作兵衛《ゆあささくべえ》らが堺の出身である。

長崎は、戦国いらい平戸とともに、外国貿易の中心地として栄えたところで、領主の大村純忠《おおむらすみただ》は、これをイエズス会に寄進したが、秀吉は九州征伐後、ここを直轄し、佐賀の鍋島直茂《なべしまなおしげ》を初の長崎代官に任じ、のち唐津の寺沢広高《てらさわひろたか》をこれに代えて、長崎奉行とした。家康も、これにならって、覇権確立後直轄し、小笠原一庵《おがさわらいちあん》につづいて、長谷川左兵衛《はせがわさべえ》、その甥の同権六《ごんろく》を、つづけて長崎奉行に任じ、外国貿易を管理させた。

長谷川氏は、家康側近の豪商グループの一人で、左兵衛の妹（夏の方）が家康の側室として寵愛された関係もあって、家康の信任をうけ、また茶屋四郎次郎・角倉了以らとともに、朱印船貿易家として活躍した。

長崎には、村山等安《むらやまとうあん》・末次平蔵《すえつぐへいぞう》らの豪商がいたが、家康は、かれらをつぎつぎに長崎代官に任じ、長崎の支配にあたらせた。こうして、家康は、豪商との連繋を通じ、かれらを奉行・代官に任じて、長崎の支配を実現し、外国貿易を掌握していったが、それは鎖国への布石をなすものであった。この点についてはあとで述べよう。

鉱山の開発と大久保長安

主要都市の直轄化とならんで、家康は、主要鉱山の直轄化をおしすすめたが、これには、代官頭の大久保長安《おおくぼながやす》の活躍がきわだっていた。

家康は、覇権確立後、石見《いわみ》の大森鉱山（石見銀山）を直轄し、長安を奉行に任じて、積極的な採掘にあたらせた。かれは、鉱山開発にすぐれた技術をもち、奉行就任後、〝大久保鋪《しき》〟とよばれる大坑道をひらいて採掘にあたったが、それによって、一年わずか数百貫にすぎなかった産額が、かれの配下の山師安原知種《やすはらともたね》のひらいた釜屋間歩《かまやまぶ》（坑道）によって、一年の運上銀は、四、五千貫に達した。

家康は、つづいて但馬の生野鉱山（銀山）を直轄し、さらに、佐渡の相川鉱山（佐渡金銀山）も直轄したが、石見鉱山でみせた長安のすぐれた手腕を高く評価して、佐渡鉱山の奉行をかねさせた。佐渡鉱山の産額も、長安の奉行就任いらい激増し、銀の産額だけで毎年一万貫余に達した。これは驚くべき激増ぶりである。それは、長安が甲州流の採鉱法にくわえて、メキシコでおこなわれていたアマルガム精錬法（水で岩石分を流し、ゆりすてる洗滌法、日本では〝水銀ながし〟とよぶ）というすぐれた技術を用いたためであった。

伊豆の大仁《おおひと》鉱山（金山）は、はじめ代官頭の彦坂元正《ひこさかもとまさ》が支配していたが、慶長十一（一六〇六）年の元正の失脚いらい、長安の兼務となり、ここでも産額が増加した。伊豆鉱山の開発にさいしては、京都に金掘り募集の高札《こうさつ》をたてたが、それによって、金掘りが諸国から雲霞のごとく集まったという。その盛況ぶりが想像できよう。

こうして、家康の主要鉱山の直轄と、長安のすぐれた開発技術によって、日本史上はじめての〝ゴールド・ラッシュ〟をまきおこし、家康の手もとには莫大な金銀が蓄積されて、幕府財政の強化に大きな役割を果たした。

長安の生活も豪奢なものであった。かれが支配地にゆくときは、家臣のほかに美女二〇人・猿楽師三〇人をしたがえ、各宿駅では乱舞酒宴をきわめたという。また、佐渡・石見の鉱山への道中では、召使の上郎・女房七、八〇人をくわえ、二五〇人の大行列であった。かれの蓄財は、諸国より上げる金銀およそ五千貫余、その他金銀の道具数知れず、といわれている。〝日本一のおごりもの〟と称されるゆえんである。また、長安は、江戸城の修理や交通制度の整備にも活躍し、代官頭として、新しい村づくりにも、すぐれた手腕を発揮し、〝日本国の惣代官〟ともいわれた。

幣制の統一と豪商

このように、家康が主要鉱山を直轄し金銀の産額をふやしたことが、貨幣の鋳造権を幕府ににぎらせ、貨幣制度を統一させた物質的な根拠であった。

家康は、関東領国時代、秀吉から貨幣鋳造の特権をあたえられ、京都の豪商後藤庄三郎《ごとうしょうざぶろう》をまねいて、武蔵小判をつくったが、覇権確立後の慶長六（一六〇一）年、「金銀は政務第一の重事」という考えから、金銀制度を確立して、金貨および銀貨の鋳造をはじめた。

すなわち、金貨は、これまでの江戸・駿河の二ヵ所にくわえて、前年に京都・佐渡の二ヵ所に金座をもうけ、庄三郎に大判・小判・一分判を鋳造させた。銀貨は、大阪平野の豪商末吉勘兵衛《すえよしかんべえ》の建議にもとづいて、伏見に新たに銀座をもうけ、堺の豪商湯浅作兵衛《ゆあささくべえ》に丁銀《ちょうぎん》・豆板銀《まめいたぎん》を鋳造させた。庄三郎・勘兵衛・作兵衛らは、いずれも家康側近の豪商グループの人々である。こうして、名目貨幣である金貨と量目貨幣である銀貨が併用されるようになり、幕府の金銀貨幣の制度が統一され、流通統制が軌道にのりはじめた。

家康は、銅銭についても統一を試みようとしたが、これは、金銀貨とちがって困難をきわめた。それは、中世いらい永楽銭《えいらくせん》などの各種の中国銭にくわえて、国内の私鋳銭が流通していたこと、室町幕府や戦国大名は、さかんに「撰銭令《えりぜにれい》」を発したが効果がなく、秀吉の貨幣政策も、金貨の統一が中心で、一般庶民にひろく流通していた銅銭については決定的な方策がみられなかったこと、などによるものである。

家康は、まず慶長十一（一六〇六）年、慶長通宝を鋳造したが、こえて同十三年には、永楽銭の通用を禁止し、永楽銭一貫文＝鐚銭《びたせん》四貫文＝金一両という貨幣の交換割合を定めた。この法令制定には、江戸系政治家である土井利勝らがあたっており、家康は、まず幕府の所在地である関東から永楽銭を整理して、慶長通宝を通用させようとしたものと思われる。しかし、永年にわたって流通していた永楽銭を、そう簡単に整理することはできず、慶長通宝の絶対量も不足していた。ついで翌十四年には、銀との交換割合を定め、金一両＝銀五〇匁＝永楽銭一貫文＝京銭（鐚銭《びたせん》）四貫文とし、その後たびたび永楽銭の通用禁止令を出したが、十分な効果はあがらなかった。幕府の銅銭対策が軌道にのるのは、寛永通宝の登場後であり、その最終仕上は、下って四代将軍家綱の寛文年代（一六六一～七二）であった。

死なぬように生きぬように

家康は、覇権確立後の大規模な外様大名に対する改易・転封を通じて、関東以外にも直轄領＝天領をひろめていったが、新しい村づくりは、関東領国時代にひきつづいて、伊奈忠次・大久保長安・彦坂元正らの代官頭のグループを中心におしすすめられた。

家康は、慶長七（一六〇二）年、旗本・代官に対して、二つの郷村掟を下したが、翌八年には、関東総奉行の青山忠成・内藤清成の名で、同じ趣旨の法令を、関東の公私領の農村に対して発布させた。
この法令は、公私領の農民が、代官・旗本の不法によって、村をたちのくときは、たとえその主人から届出があっても、みだりにつれもどしてはならない（第一条）、旗本のことを訴えるときは、村をたちのく覚悟ですること（第三条）、年貢の率は近村に準じておこなうが、その高下については直訴してはならない（第四条）、直訴は禁止するが、人質をとられたり、代官・奉行所に再三訴えても承知しない場合は直訴をみとめる（第五条）、また代官に不法があった場合も直訴をみとめる（第六条）、農民をみだりに殺してはならない、たとえ罪があっても、奉行所で対決させたうえで処罰すること（第七条）、といった内容のものである。

幕府の農民政策は、ここではっきりした方針が打ち出された。代官・旗本に対しては、不法な行為を禁じて、農民保護の精神を打ち出すとともに、農民に対しては、年貢に関する直訴を禁じて、逆に農民統制を強化する、といった巧妙な政策である。また、代官の不法な行為に対しては、とくに農民に直訴権をみとめて、かれらに対する監視を強化している。これによって失脚した代官は少なくない。

こうした幕府の農政方針は、関東以外にも徐々に貫ぬかれていった。家康の六男忠輝が慶長八（一六〇三）年下総佐倉から信濃川中島（一二万石）に転封されたとき、家康は、大久保長安に命じて、施政の方針を指示させたが、それによると、代官・下代に不法があった場合、農民に直訴するよう命じている。このような例は、家康の九男義直が慶長十二年甲斐甲府から尾張名古屋（六一万九五〇〇石）に転封されたとき、付家老《つけがろう》の平岩親吉に命じた施政方針にもみられたが、譜代大名の場合も、これに準じていた。

家康は、代官たちが支配所におもむくさいに、「郷村の百姓どもは死なぬように生きぬように、と合点《がってん》いたし、収納申しつけるように」と、語ったといわれる。また、家康側近の第一人者であった本多正信は、

「百姓は天下の根本である。これをおさめるには法がある。まず一人一人の田地の境目をよく立て、さて一年間に、百姓の必要な食糧や種もみを見積もらせ、そのあまりを年貢として取立てよ。百姓は財のあまらないように、かといって不足のないようにおさめるのが道である。」

と説明している。農民の生産物のうち、農民に必要な食糧や、つぎの年に必要な種もみだけをのこして、つまり、農民の再生産に必要な分量だけをのこして、あとはことごとく年貢として取上げる、というのが幕府の農政方針の根本であり、それについては、農民の直訴をいっさい禁止したのである。

徳川検地と代官頭

徳川検地も、覇権確立後、関東以外にひろめられ、しだいに統一した基準が打ち出されるようになった。慶長七（一六〇二）年の常陸検地は、伊奈忠次《いなただつぐ》が実施したが、これは、〝慶長の苛法〟といわれて、かなりきびしいものであった。一歩一尺の空地ものこらず石盛《こくもり》をつけ、神社・仏閣・山林・寺跡にいたるまで、ことごとく検地を実施した。そのため、川に身を投げたり、寺を焼き払う僧侶も出

るありさまであった。多賀郡大窪《おおくぼ》村のごときは、この検地によって、六九七石の村高が一躍一〇三八石に増加した。

慶長九年には、武蔵・相模・遠江・三河・越後などに徳川検地を実施したが、これは〝辰の御検地〟（辰年にあたる）といわれて、慶長検地では画期をなすものであった。このうち、関東・東海地方の検地は、主に忠次が担当し、たとえば遠江の磐田郡篠原村のように、田畑ともに石高制が用いられて、上・中・下の等級がつけられ、それぞれの石盛が示されて、統一した基準を打ち出している。また〝村切《むらぎり》〟といって、中世の郷を打ちこわし、出入作を整理して、近世の新しい村をつくっていった。

忠次は、そのほかにも土木技術における〝伊奈流〟を用いて、利根川やその支流の改修・築堤をおこない、さかんに新田開発をおしすすめていった。〝備前堀〟とか〝伊奈堀〟とよばれて、忠次の開発によって水田となった地域はひじょうに多い。

忠次の活動の舞台が、主に関東・東海地方であったのに対し、大久保長安《おおくぼながやす》は、それ以外の地方でひろく活動の足跡をのこした。鉱山開発については前述したが、検地に関しては、慶長六（一六〇一）年の甲斐検地をはじめ、越後・信濃・美濃などにも検地を実施していった。このうち、慶長九年の越後検地をみると、たとえば頸城郡箱井新田村のように、一反＝三〇〇歩、町・反・畝の面積表示が用いられて、一筆ごとに分米《ぶんまい》がつけられ、五割に近い村高を打ち出している。

これに対して、彦坂元正《ひこさかもとまさ》の活動領域は、相模を中心とした南関東にかぎられていた。鶴岡八幡宮の修理や、八幡領農民に対する処置などは、その主な治績である。しかし、農民にあたえた代官直訴権によって、慶長十一（一六〇六）年に、代官頭の地位から失脚し、いち早く政治的生命を絶たれてしまい、その支配地は、伊奈忠次のもとに吸収された。

人使いのうまい家康

以上のように、家康は、あらゆる分野にわたって、新しい国づくり政策をおしすすめ、その晩年には、ほぼ幕藩体制を組織することに成功した。もちろん、それが確固たる基礎をもつまでには、かれの死後半世紀を経過しなければならなかったが、そのもろもろの基礎は、家康によってつくられたといってよい。これこそ、七十五年の全生涯におよぶ忍耐と苦闘の生活経験のなかできたえあげられた政治構想のみごとな結晶であった。かれは、新しい時代のすぐれた組織者であったのである。

と同時に、かれは人使いのうまさにおいても、まれにみる人物であった。幕藩体制を組織したその政治的手腕は、もちろん、かれの非凡な才能によるものであるが、あの多彩にして有能な側近の顔ぶれをみればわかるように、かれらを政治ブレーンとし、それぞれ所をえさせて、かれらのもてる能力をフルに活用した点にこそ、幕藩体制を組織することに成功した大きな原因がある。そして、この社会体制を合理化し、江戸幕府の支配を正当化するための思想工作も忘れてはいなかった。

しかし、矛盾がなかったわけではない。新しい社会の創造の時期であるだけに、逆に権力・派閥抗争は、幕府の内外においてはげしいものがあった。

権力闘争の激化

天下は回り持ち

幕府外でのもっとも大きな矛盾は、外様大名との緊張関係である。ややむつかしい表現をすると、領主間矛盾ということになる。外様大名は、戦国大名から近世大名になった旧族大名と、秀吉の部将から近世大名になった豊臣大名からなるが、かれらは家康と同輩であり、ともに秀吉に仕えた大名であった。

家康の覇権確立により、秀吉―大名の関係は、家康―大名の関係に切りかえられ、さらに、家康の将軍宣下によって、徳川氏の全国統治権は正当化され、両者の支配―服従関係は決定的となり、他方、覇権確立後の大規模な戦後処理策によって、多数の外様大名が改易・転封されたが、なお東北・北陸から近畿以西の西日本にかけては、多数の外様大名が割拠しており、徳川氏との緊張関係はつづいていた。そして、その最たるものは、いうまでもなく大阪の豊臣秀頼の存在であった。

家康が将軍職をわずか二年で秀忠にゆずったのは、下剋上《げこくじょう》の思想に最後のとどめを刺し、豊臣方に、政権回復の期待を断念させるためであったが、戦国いらいの〝天下は回り持ち〟の思想は、そう簡単に消え去るものではなかった。筑前福岡の黒田長政は、戦後三四万三千石加増されたが、長政とともに関ヶ原の役で活躍した父の孝高《よしたか》は、戦後しばらくして、「関ヶ原の役で、石田がもう少しがんばれば、九州から攻めのぼり、天下をにぎろうと考えていた」と語っている。

松はもらえど

家康は、こうした緊張関係をもつ外様大名に対して、懐柔と統制の巧妙な政策でのぞんだ。懐柔策は婚姻と賜姓であり、統制策は改易と転封である。

婚姻策は、いわゆる政略結婚といわれるもので、群雄割拠のなかで成長した家康自身、若いころから豊富に経験させられたところのものである。覇権確立後かれは、これを大いに活用した。家康・秀忠との関係（養女を含む）で、婚姻を結んだ外様大名をあげると、豊臣・前田・伊達・毛利・池田・加藤・福島・浅野・蜂須賀・黒田・山内・細川・有馬氏らがある。こう並べると、有力外様大名は、ほとんど縁家ということになる。

賜姓策は、松平姓をあたえることで、これには、前田・島津・伊達・毛利・池田・蜂須賀・黒田・蒲生・山内・堀・中村氏らがあった。ほかに、家康・秀忠の一字をあたえられた大名は、ひじょうに多い。そういえば、秀忠自身、秀吉から秀の一字をあたえられたものであった。世は羽柴時代から松平時代となったのである。「松（松平）はみな、もらえど徳（徳川）は、下されず」――という川柳も出てこようというものである。

関ヶ原の役で、東軍に属して、一朝の忠節をつくした外様大名に対し、かれらが秀吉に対する長年の奉公でえた知行高以上に、潤沢な加増をおこなったのも、懐柔策の一環をなすものであった。蒲生氏への四二万石（一八万石）、池田氏への三六万八千石（一五万二千石）、黒田氏への三四万三千石（一八万石）、最上氏への三三万石（二四万石）、福島氏への二九万八二〇〇石（二〇万石）、加藤氏への二六万五千石（二五万石）、田中氏への二二万五千石（一〇万石）の加増のごとき、その最たるものである（カッコ内は旧知行高）。秀吉子飼の大名がひじょうに多いことが目につく。

家康は、こうした潤沢な加増で、大いに〝御恩〟をうり込んだ。豊臣系の外様大名が多いのは、かれらと豊臣家との結びつきを攪乱し、徳川家への絶対〝奉公〟を期するためであった。

家康の大名廃絶録

改易策と転封策は、初期大名統制の基本をなすもので、戦後処理が一段落したのちも、さかんにこれを推進した。

まず、慶長七（一六〇二）年十月、外様大名改易の第一号として、小早川秀秋《こばやかわひであき》（備前岡山　五一万石）を改易した。改易の理由は世嗣断絶ということになっているが、かれの死因については、奇怪な伝説が流布されている。

世嗣断絶を改易の理由にしたのは、武士の相続は、一代ごとに主君に跡目相続を願い、しかるのち新たに主従関係をとり結ぶという措置よりきたもので、狙いは新しい身分制秩序を形成する点にあった。とくに厳禁したのは、末期《まつご》養子といって、危篤のさい急に養子を願い出ることであった。養子が本人の意志で決まったかどうか不明なうえに、〝御恩〟によって保証された家の相続に対して責任を忘れ、ひいては主君に対する〝奉公〟を怠ったものと観念されたためである。

したがって、世嗣断絶という理由の改易の鞭は、徳川一門・譜代大名にも容赦なくふられ、それによって、武田信吉（常陸水戸　一五万石）・松平忠吉（尾張清洲　五二万石）の両一門のほか、譜代大名の平岩親吉（尾張犬山　一二万三千石）らが改易された。

改易の第二の理由は、法律的理由による改易である。幕法違反あるいはその嫌疑にふれたもの、というのが表面上の理由であるが、この種の改易は、幕府の都合から出た政治的疑獄が多く、家康は、これを拡大活用して、外様大名をつぎつぎに改易していった。

そのほか、軍事的理由による改易があるが、この種の改易は、関ヶ原の役いらい、大阪の役で豊臣秀頼、ほか一名が改易されただけで、戦争の終結とともになくなった。

こうして、家康は四一名の大名を改易したが、そのうち、外様大名は二八名でひじょうに多く、しかも法律的理由による豊臣系外様大名に対する改易が多数を占めていた。家康の大名改易の主な狙いが、じつにこの点にあったことがわかる。それは、豊臣大名を中心とする秀吉政権下の領国組織をあらためて、徳川一門・譜代大名を中心とする徳川政権下の領国組織をつくりあげようとしたことを示しており、幕藩体制組織づくりの一環をなすものであった。

徳川一門・譜代大名の改易は一三名で、そのうち、法律的理由による改易が八名あったが、そのなかには、慶長十九（一六一四）年改易の大久保忠隣が含まれていた。忠隣の改易は、幕府内の派閥抗争が政治的疑獄にまで発展したもので、それは、かれのおかれた政治的地位からして、幕府内派閥抗争の集中表現ともいうべきものであった。そこでつぎにこの点についてながめよう。

正信と忠隣の激突

武功派を代表する門閥譜代の大久保忠隣と、帰り新参譜代の吏僚派である本多正信は、はじめから肌合を異にしており、これまでにも、関ヶ原の役での作戦や、将軍の世継ぎ決定をめぐって、ことごとに対立してきたが、とくに大御所政治（駿府）・将軍政治（江戸）という二元政治の展開のなかで、家康に信任される正信・正純父子と、秀忠側近の忠隣との対立は、いっそうふかまっていった。

慶長十六（一六一一）年十月、嫡子忠常《ただつね》の病死に落胆し、公務を離れて久しくひきこもっていた忠隣に対し、正信は、忠隣の行為を批難するばかりか、忠常に親しく交わっていた人々の悪口をふれて回った。これは、秀忠に信任される忠隣・忠常父子に対する嫉妬から出たものであった。このころから、忠隣は「本多佐渡父子と不快ゆえ、殿中にて闘争にもおよばんやと、一族薄氷をふむ」ありさまであったという。

こうした情勢のなかで、忠隣と正信の対立が、はっきりした政争にまで発展するきっかけとなったのが、慶長十七年二月におこった〝岡本大八《おかもとだいはち》事件〟である。

これより先、慶長十四（一六〇九）年、有馬晴信《ありまはるのぶ》がポルトガル船のマードレ－デ－デウス号を、長崎港外で撃沈するという事件がおこった。正純の家臣岡本大八は、当時正純が外交を担当していた関係から、外国との通商状況を視察するために、たびたび長崎へ出張していたが、晴信が自分の所領に対して不満をもっていることを知り、〝デウス号事件〟の恩賞として、晴信の旧領で、いまは鍋島勝《なべしまかつ》茂《しげ》の所領となっている肥前三郡をあたえられる内意があったと称して、晴信から賄賂をとった。ところが、晴信は、そのことがいっこうに実現されないので、不思議に思い、直接正純に問いただした。驚いたのは正純である。さっそく大八を呼び出して調べたところ、かれは「知らぬ存ぜぬ」で、白《しら》を切るばかりであった。

正純も捨てておくわけにもゆかない。こうして、晴信と大八の対決となったが、その結果、大八の詐欺が暴露し、かれは獄にくだされた。ところが、大八は獄中から、晴信が以前、長崎奉行の長谷川左兵衛を暗殺しようとしたという事実を暴露したので、ふたたび晴信との対決となった。場所は大久保長安の屋敷である。今度は晴信が申し開きができないで、答弁に窮した。こうして、晴信は領地没収、大八は火あぶりの刑に処せられた。

事件の内容はそれだけであるが、問題の本質は大きかった。この二人がともにキリシタン信者であったため、信者同士の争いから、駿府城内の家康の側近にも信者がいることが発覚し、これをきっかけに、家康はキリシタン弾圧へふみ切った。大八が正純の家臣であるということは、本多父子を少なからず狼狽させた。連坐の懸念があったからである。しかも、事件の決着には、忠隣が庇護し苗字まであたえた長安が関係している。本多父子の不利は争えなかった。

ところが、翌十八年になると、今度は、忠隣にとって不利な事件が相ついでおこった。まず一月には、忠隣の養女（石川忠義の娘）を、山口重政の子重信に嫁がせたが、これが将軍の許可をえていないという理由によって、重政は改易となった。忠隣は、この処置を不満とし、弁明につとめたが取上げられず、その後は出仕もとかく怠りがちになった。

ついで三ヵ月後には長安が亡くなり、しばらくして、生前の不正が摘発されるという事件がおこった。鉱山奉行として〝日本一のおごりもの〟と称されたかれの隠匿物資は、ことごとく没収され、広汎な連坐法の適用により、長安の一族をはじめ、近親・縁者まで罪に問われ、譜代・外様の別なく、大名クラスまで改易処分に付せられた。長安と旧交のあるものは、不安のどん底につきおとされたが、累《るい》が忠隣におよぶかどうか注目の的となった。

十二月になると、今度は、馬場八左衛門の直訴事件というのがおこった。忠隣が豊臣方に内通している旨の訴状を、忠隣のところで預かりの身となっている八左衛門が、放鷹中の家康に提出した事件である。このとき家康は、この訴状をみて大いに驚いたという。忠隣の処分はついに決定した。

改易された忠隣

この月の十九日、忠隣は、突然キリシタン禁圧のため京都行を命じられた。明けて翌十九（一六一四）年一月十九日、かれの居城（小田原城）は没収となり、三十日には、京都所司代板倉勝重が、改易を命ずる老中奉書をもって、かれの宿舎を訪れた。

このとき忠隣は、将棋をさしていたが、少しも驚かず、ゆうゆうとさし終ってのち行水し、衣服をあらためて、勝重に対面し、改易の命に服したという。ときに六十二歳であった。改易後の忠隣は、井伊家お預けとなり、近江のうちにて五千石あたえられた。その後、天海を通じて、罪なきを訴えたが、家康はついに許さなかった。こうして、晩年の忠隣は、悲劇のうちに、近江の配所にて七十六年の生涯を閉じた。ときに寛永五（一六二八）年であった。

忠隣の改易は、〝大八事件〟によって不利な立場に立たされた正信が、〝長安事件〟を逆手にとって先制攻撃をかけ、直訴事件で一挙に政敵忠隣を葬り去ったものとみることができる。この直訴事件というのが、どうも不可解である。規模は異なるが、〝大八事件〟も〝長安事件〟も不正事件では同じである。しかるに、連坐の適応範囲は比較にならない。この点、正信の方が政治家としては一枚上手《うわて》である。直訴事件というのも、正信がしくんだ計略であると考えられる節がある。この点について『徳川実紀』も、「馬場が八十にあまり、いくほどもなき齢《よわい》の末に、なにごとを怨望《えんぼう》せるか、また何者に托せられしにや、無根の妄説《もうせつ》をうたえて（うったえて）、終に良臣を讒害《ざんがい》するにおよぶ。もっとも不審というべし」と記している。

両雄ならび立たず

宿命的な対立をつづけてきた幕府創業期のこの二人の重臣は、正信の制するところとなった。〝両雄ならび立たず〟のたとえは、ここにもその典型をみることができる。正信の勝利は、門閥譜代に対する帰り新参譜代の勝利と、武功派に対する吏僚派の勝利を意味した。忠隣の失脚・改易によって、武功派は、まったく幕政の中枢から姿を消すことになった。

しかし、忠隣は、秀忠側近の第一人者であり、江戸系政治家の中心人物であっただけに、かれの改易の余波は大きかった。そのうわさが京都の町に伝わったとき、使者板倉勝重とのあいだに戦争がおこる、という説が乱れとび、気の早い市民は、荷物をまとめて避難したが、忠隣が静かに改易の命に服し、武具をまとめて勝重にわたしたので、ことなきをえたという。いっぽう、小田原藩の家臣団は、主君の改易によって仰天したが、江戸の秀忠側近のなかにも、忠隣に同情するものが多く、本多父子に対するこれまでの反感は、いっそう高まっていった。

家康は幕府内の動揺をおそれ、忠隣改易の翌二月十四日、江戸系政治家八名から誓書を出させた。その要旨は、両御所（家康・秀忠）に対し忠誠をちかうこと、大久保父子と今後絶交すること、訴訟のことは、たとえ親子・兄弟であっても公正に申し付けること、評定所《ひようじようしよ》において議論するときは、たがいに心底をかくさず、善悪によらず、少しものこさないように発言すること、御前における申し付けは、善悪について仰がないうちは他言しないこと、といった内容のものである。

また、このとき誓書に署名したものは、酒井忠世・酒井忠利・土井利勝・安藤重信《あんどうしげのぶ》・水野忠元《みずのただもと》・井上正就《いのうえまさなり》・米津田政《よねきずたまさ》・島田利正の八名であった。このうち、忠世・利勝・重信が「江戸年寄」、忠元・

正就が「江戸老中」、忠利が留守居、田政・利正が江戸の町奉行である。当の本多正信がくわわっていないのが意味深長である。

右の職制のうち、「江戸年寄」というのは、のちの老中に、また「江戸老中」というのは、のちの若年寄に相当する。こうみると、江戸の町奉行をのぞいて、幕府三奉行の源流をなす勘定・寺社関係の職制は、なお駿府系政治家や京都所司代が担当していたが、江戸の将軍政治において、すでにこのころまでに、幕政中枢部が機構として成立しかけていたことがわかる。

このように、幕府内の派閥抗争は、かなり深刻なものがあったが、家康の果敢な措置と巧妙な統制によって、二元政治の表面上の対立は、未然に防止され、危機にいたらないですんだ。こうして、家康は、幕府内の矛盾をいちおう解決しておいて、幕府外の矛盾解決に最後の努力をかたむけていった。豊臣氏の討滅がそれである。

孤立する豊臣氏

大阪の役の直接のきっかけになったのは、京都方広寺《ほうこうじ》の〝鐘銘問題〟であった。家康が豊臣方に対して、もっとも脅威に感じたのは、豊臣恩顧の諸大名がなお秀頼に対して敬意を表していること、その秀頼が天下無双といわれた大阪城にいること、大阪城には秀吉がのこした巨額の金銀が蓄積されていること、などであった。

家康が、関ヶ原の役後、東軍に味方した外様大名、とくに秀吉子飼の諸大名に対して、潤沢な加増をおこなったのも、かれらと秀頼との結びつきを攪乱するためであったが、慶長十年代になると、そのなかの有力大名である浅野長政・堀尾吉晴《ほりおよしはる》・加藤清正・池田輝政・浅野幸長《あさのよしなが》・前田利長らが亡くなった。このように、秀吉子飼の有力大名が相ついで死んだので、世間では毒饅頭の説がおこり、とくに長政・清正・輝政・幸長らは、家康が毒殺し、平岩親吉はその犠牲となって死んだ、と伝えられるほどであった。この説はとるに足らないが、秀頼母子の落胆は、はなはだしいものがあった。

二条城の会見

これより先、家康は、慶長十六（一六一一）年三月、後水尾天皇の即位の礼を利用して、秀頼に上京をうながした。秀忠の将軍宣下にさいし、淀殿《よどどの》に、秀頼の上京を拒否されてから六年後の出来事である。豊臣方に対して、万事警戒をおこたらなかった家康は、今回もさぐりを入れてかかった。

このころ、京都市中では落書するものが多く、そのなかの一句に、「御所柿（家康）はひとり熟して落ちにけり、木の下にいて拾う秀頼」というのがあった。京都所司代板倉勝重は、ひじょうに恐縮して、誰が書いたか捜査しようとした。家康は「捨ておけ、予の心得となるものもある」といったものの、この一句は、家康の胸を突き刺したにちがいない。

六年後の情勢の変化は、誰がみても明らかであった。加藤清正・浅野幸長らは大阪へ急行し、かれこれ説得して、「秀頼公は、われわれが身をもってお守りする」と誓ったので、さしもの淀殿もやっと我《が》をおった。こうして、家康と秀頼の会見はついに実現した。場所は京都の二条城。このとき家康は、ことのほか上機嫌であったという。豊・徳二氏の位置の顚倒を、これではっきり天下に示すことができたからである。

秀頼を上京させることに成功した家康は、翌四月、在京二二名の諸大名から三ヵ条の誓書をとった。その内容は、江戸からの法度を堅く守ること、法度・上意に違反したものは、国々にかくしおかないこと、家臣のなかで叛逆人・殺害人が出たときは、召し抱えを禁止すること、といったものである。家康は、秀頼の上京を契機に、大名統制を強化したのであった。なお、翌十七（一六一二）年正月には、東国の諸大名に対して、同じ趣旨の誓書を、秀忠に提出させている。

鐘銘事件と崇伝・羅山

ついで家康は、大阪城に蓄積された金銀の消耗にとりかかった。そのために秀頼に命じたのが神社・仏閣の再建・修理であった。こうして、秀頼によって、四天王寺・石山寺・石清水八幡宮・熱田神宮・北野天満宮・出雲大社など、多くの神社・仏閣が再建・修理された。問題の方広寺も、その一環としておこなわれたのである。

方広寺は秀吉が建てたもので、慶長元（一五九六）年の大地震でこわれたが、家康は、その再建を秀頼に命じた。秀頼は、慶長十五年から工事をはじめ、多額の費用をついやして、その再建にあたった。四年後の慶長十九年の春には、ようやく大仏殿が完成し、八月には、いよいよ大仏の開眼《かいげん》供養《くよう》をむかえることになった。

ところが、その供養は家康の命で、にわかに延期となった。棟札《むなふだ》が異例であり、大仏の鐘銘に不吉の文字がある、というのがその理由であった。不吉の文字というのは、「国家安康」という文字で、これは家康の名前を二つにさいて、家康をのろうものである、というのである。

この鐘銘は、僧清韓《せいかん》がつくったもので、べつに他意あってつくったものではない。ところが、家康が、この鐘銘を五山の僧によませたところ、「国家安康」の文字を、右のように解釈して、家康に報告した。これは崇伝《すうでん》の入れ知恵である、というのが真相のようだ。五山の僧たちは、盛名ある清韓に対する嫉妬から、はげしく鐘銘を批難したのであった。こうみると、家康の五山の僧に対する思想工作も、かなり成功していたとみてよかろう。

挙足《あげあし》とりでは、林羅山《はやしらざん》が一枚上手であった。「右僕射《うぼくや》源朝臣」とあるのは、源朝臣（家康）を射ることだ、といい出し、「君臣豊楽子孫殷昌《いんしょう》」とあるのは、豊臣を君として、子孫の殷昌を楽しむ、とよませる下心だといい出した。悪知恵では、さすがの五山の僧たちも思いもおよばぬことであった。喜んだのは家康である。豊臣氏攻撃の口実ができた。

大阪の陣

驚いたのは豊臣方である。淀殿は、片桐且元《かたぎりかつもと》を駿府に急行して弁明させた。大阪にかえった且元は、家康の内意として、大阪の国替《くにがえ》か、秀頼または淀殿の江戸詰か、この三策のうち、いずれか一つをえらべとのことである、と報告し、その一つをえらんだ方が豊臣氏にとって安全だ、と主張した。強硬派の大野治長《おおのはるなが》らは大いにいかり、且元は徳川方に内通したといって、はては且元を殺そうとした。且元は、居城の摂津茨木にひきこもってしまった。こうして、東西交渉は手切れとなり、大阪の役が開始される。

開戦を決意した家康は、ただちに諸大名に対して出陣の命令を下し、秀忠の希望をさえぎって、みずから総大将となり、早くもこの年の十月二十三日には、京都の二条城に入った。十一月十日には、秀忠が後続部隊をひきいて伏見に到着、十五日には、父子ともに大阪にむかった。その数は約二〇万といわれている。これに対して、豊臣方は、豊臣恩顧の大名に救援をもとめたが、これに応ずる大名はなく、集まったのは没落大名や浪人であった。これに豊臣譜代の家臣をくわえると、その数は約一〇万とみられる。

こうして、大阪冬の陣がはじまったが、難攻不落とうたわれた大阪城に、一〇万の大軍が集まっては、そう簡単には落城しなかった。さすがの家康も攻めあぐみ、講和を申し入れた。十二月二十日にいたって、いったん講和は成立したが、家康は、約束に反して、外堀ばかりか内堀まで埋めてしまった。こうしておいて、あらためて、大阪の国替《くにがえ》か、浪人の追放か、いずれか一つをえらべという、無理な難題を吹きこんだ。豊臣方が承知するはずがない。

元和元（一六一五）年四月になると、ふたたび戦いがはじまった。大阪夏の陣である。大阪城は丸裸となったので、豊臣方は不利な野戦をえらばなければならなかった。それでもよく戦い、真田幸村《さなだゆきむら》のごときは、家康の本陣をつきくずし、家康を危地におとしいれるほどであったが、その幸村も戦死し、大阪城は、裏切者の放火によって猛火につつまれた。大野治長らは、秀頼夫人の千姫《せんひめ》（秀忠の娘）を脱出させ、秀頼母子の助命をもとめたが、効果なく、五月八日、ついに秀頼母子は自殺し、ここに豊臣氏は滅亡した。

七十余年におよぶ苦闘の環境のなかできたえあげられた家康の堅実・沈着・忍耐の美徳――それは幕藩体制の組織者としての不可欠の美徳である――は、晩年における大阪の役の一戦によって帳消しとなった。そこでは欺瞞・狡猾・焦燥があるのみであった。後世〝狸おやじ〟といわれるゆえんである。人間すべてその晩年が大切である。幕藩体制は堅実に組織されつつある。〝狸おやじ〟の真価を発揮してまで、豊臣氏を滅亡させることはなかったろう。七十歳の坂をこえて、日暮れて道遠しと感じたか、一日も早く統一を全うしようと考えたのか、過去の家康には、とうてい考えられない焦燥にみちた晩年であった。

大名統制の強化

豊臣氏を滅ぼして、幕府外の最大の緊張関係をとりのぞいた家康は、これを契機に、大名統制をいっそう強化した。まず、畿内を掌中におさめ、松平忠明《まつだいらただあき》を大阪に配置して、市街地の復興にあたらせた。なお大阪は、家康死後の元和五（一六一九）年、直轄都市となり、大阪城代がもうけられて、内藤信正《ないとうのぶまさ》が初代城代に任命された。ここで、幕府の主要都市に対する直轄体制がいちおう完成する。

ついで、豊臣氏が滅んだ翌六月には、「一国一城令」を出して、大名の本城をのぞくすべての支城を破壊させた。これは〝元和偃武《げんなえんぶ》〟とともに、大名領国の戦国的な軍事体制の破壊を狙ったものである。

さらに七月には、大名統制の基本法をなす「武家諸法度」を制定した。この法度は、家康の命によって崇伝《すうでん》が起草し、秀忠が発布したもので、一三ヵ条からなり、大名の教養・品行、叛逆人・殺害人、城郭修理、徒党結合、私婚、参勤作法などについて規定をくわえた。

家康は、大名統制とならんで公家統制を強化し、同じ七月に「禁中並公家諸法度」を制定した。この法度も、崇伝らの起草になるもので、家康・秀忠にくわえて前関白二条昭実《にじょうあきざね》が署名・発布した。一七ヵ条からなり、天皇の修養、官位叙任、宮中座席、服装、僧位僧官などについて規定をくわえた。とくに重要なことは、第七条において、武士の官位がすべて朝廷の定員外としたことで、それによって、江戸幕府は、長い武士政権の歴史において、はじめて国家公権力を確立することができた。封建王政は、江戸幕府にいたって完成したのである。

そのほか、同じ七月には「諸寺院法度」を制定して、寺院統制を強化するなど、家康は、豊臣氏討滅の勢いにのって、一挙に諸勢力に対する統制を強化した。その迅速さには驚くばかりである。

家康と正信の死

大阪の役後、張りつめた気持がゆるんだせいか、家康は、さすがにがっくりし、翌元和二(一六一六）年正月から病いの床についた。自分でも死期をさとったのか、側近たちにいろいろと遺言し、「東国の諸大名は、おおかた譜代なので心配ないが、心にかかるのは西国の外様大名である。自分の像を西にむけて安置せよ」と、息をひきとるまで西国の外様大名の動きを心配しながら、四月十七日、七十五歳で亡くなった。つづいて、六月七日には、家康のあとを追うかのように、側近第一号の本多正信が七十九歳をもって亡くなった。

秀忠側近の幕閣支配

権力の再編成

家康の死によって、これまでの二元政治は解消し、駿府の大御所政治の機能は、ことごとく江戸の将軍政治に吸収され、ここで秀忠の政治が名実ともに具体化され、幕政は新局面をむかえることになった。

これより先、家康の側近グループのうち、新参譜代グループは、徳川一門の付家老《つけがろう》となって転出したため、幕政の中枢部から離れたが、代官頭グループも、彦坂元正・大久保長安らが失脚して、その支配領域は、伊奈氏（関東担当）の支配領域に吸収されることになった。家康の治下において、〝二頭政治〟の一角をなした大久保忠隣は、〝長安事件〟に連坐して改易となり、他の本多正信も、家康につづいて逝去した。

こうして、幕府の権力構成は、全体として交代・再編成されることになったが、新局面をむかえるにあたって、幕政の中心勢力にのしあがるのは、秀忠の側近グループであり、とりわけ、酒井忠世《さかいただよ》と土井利勝《どいとしかつ》であった。

忠世は、元和二（一六一六）年いらい、数回の加増を経て、同八年までに一二万二五〇〇石（上野厩橋）となった。秀忠の容易ならぬ信任ぶりが理解されよう。利勝も負けてはいない。秀忠との結びつきでもっとも早いかれは、家格において忠世よりおちるが、これまでに、とんとん拍子に昇進をつづけ、その後も、しばしば加増されて、寛永二（一六二五）年までに一四万二千石（下総佐倉）となった。

幕閣の第一人者、利勝

この二人の組合せは、大久保忠隣と本多正信の組合せに似ているが、明敏で智略にとむ利勝が、厳正で重厚な忠世を、しだいにひき離し、幕閣の第一人者となった。崇伝《すうでん》の観察によると、「今は、だれもかれも大炊殿《おおい》（利勝）へ頼み入る体《てい》とあいみえ申し候」、「今からは本上州（本多正純）の口入《くにゅう》にて、大炊殿へいよいよ御入魂《ごじっこん》、御尤の儀にて候」という状態であった。崇伝はさらに言葉をつづけて、つぎのようにいっている。

「土井大炊殿、いよいよ御出頭にて候、拙老も節々参会申し、別して御意をえ申し候、我等旅宿へも御出候て、しみじみと放（話）申し候、ことのほかおくゆかしき御分別者に見および申し候、両御所様（家康・秀忠）御見立の仁に候あいだ、申しおよばざることに候、今は出頭一人のようにあいみえ申し候、人の申すことをも、こまごまと御聞候、寄特に存じ候ことに候。」

家康をなくして、よりどころを失った崇伝の利勝に対するおべっかもさることながら、利勝の権勢は、かつての正信に匹敵するものがあった。それが単に崇伝だけの観察でなかったことは、『林氏意見』に、「君臣のあいだ睦しく和するは、佐渡（正信）にしくはなし、（中略）大小事ともに一人に決するは、大炊介（利勝）にしくはなし」とあることによってもうなずける。

崇伝は、このように観察して、豊前小倉の細川忠興《ほそかわただおき》あてに手紙を送っている。忠興から、新局面をむかえた幕府内の情勢について尋ねるところがあったのであろう。大名も、幕府内の政治勢力の消長については的確に把握しておく必要があった。崇伝は、忠興に対して、新興勢力の土井利勝と結ぶことをすすめている。正しい観察である。しかし、そのためには、本多正純の口入れが必要である、という段になると、それほど問題は簡単ではないといわなければならない。

秀忠側近、正純を追放

本多正純は、二元政治の解消後、江戸にもどって、酒井忠世・土井利勝・安藤重信らとともに老職（年寄ともいう）となり、幕政の中枢に位置した。しかも、駿府系政治家の第一人者だけあって、その活躍もめざましく、元和五（一六一九）年の福島正則（安芸広島　四九万八二〇〇石）の改易には、顕著な功績をたてて、一躍一五万五千石（下野宇都宮）に加増された。崇伝が正純を重視しているのも無理からぬことである。

しかし、外見上のはなやかさにかかわらず、幕閣での実際の地位は、忠世・利勝らの秀忠側近に疎外される傾向にあった。二元政治下において、本多父子になめさせられた秀忠側近の苦痛は底知れぬものがあり、秀忠も、これまで、とかく家康の威をかるかれの態度に、心中おだやかならざるものがあった。秀忠側近と正純の激突は、もはや時間の問題となった。

果せるかな、元和八（一六二二）年八月、正純が、改易となった最上義俊《もがみよしとし》（五七万石）の城受取りに出羽山形に出かけたとき、追打ちをかけるように、正純自身に対する改易の幕命が伝えられた。このとき、幕府の使者伊丹康勝・高木正次は、正純に対して一一ヵ条の訊問をおこなったが、正純は一々明白にそれに答えた。ついで三ヵ条のことについて訊問したが、これには明白に答えることができなかった。こうして、宇都宮一五万五千石は没収となり、出羽由利にて、賄料として五万五千石をあたえるという幕命が伝えられた。正純は怒った態度で、

「私の御奉公の仕方が上意にそわないというのは心外である。このうえは、五万石の新地も返上し、一千石だけ頂戴することにしたい。」

と答えた。両使者が江戸にかえって、ことの次第を報告すると、秀忠は、大いに怒って、

「上を侮蔑するのは不届至極である。このうえは、佐竹修理大夫（出羽秋田）に預け、ふかく慎ま

せよ。」
と命じ、横手に配流して一千石をあたえた。

「因果の報い快哉」

これより四ヵ月前の元和八（一六二二）年四月、日光東照宮の参拝にでかけた秀忠が、帰途宇都宮で宿泊しようとしたところ、奥平忠昌《おくだいらただまさ》（下総古河）の祖母加納殿（家康の長女亀姫）から一通の書状がとどけられた。その書状には、正純が鉄砲をひそかに製造し、関所をあざむいて居城（宇都宮城）に入れたこと、城普請にしたがった幕臣の根来《ねごろ》同心を殺したこと、無届で本丸の石垣を修理したこと、城の殿舎にあやしい構造があること、などが書いてあった。

秀忠は、予定をかえて江戸にもどり、井上正就《いのうえまさなり》をつかわして城中を調べさせた。しかしべつにあやしいところはなかった。正就がその旨報告すると、秀忠は、

「余事はともかく、関所破り、根来同心の誅殺、本丸の石垣修理、この三ヵ条の罪はまぬかれぬ。」

といった。三ヵ条というのは、正純が答弁に明白さを欠いたという三ヵ条であろう。正純の改易は、すでにこのとき決定した。こうして、正純が城受取りに山形に出かけたとき、改易の幕令が下った。大久保忠隣がキリシタン禁圧のため京都に出かけたとき改易されたのと、まったく同じ手口である。忠隣の改易に激憤した大久保彦左衛門は、正純の改易に、「因果の報い快なるかな！」を叫ばずにはおられなかった。

利勝らの秀忠側近が、正純の改易を強力におしすすめたというはっきりした証拠はない。また、改易の理由も薄弱である。いわゆる〝宇都宮釣天井《つりてんじよう》事件〟（正純の秀忠暗殺計画）というのもとるに足りない。しかし、正純の改易は、忠隣の改易と同じく、幕府内の派閥抗争が政治的疑獄にまで発展したものであることは明らかで、新興勢力の秀忠側近が秀忠と直結し、わずかな幕法違反を取上げて、正純を幕閣から追放したのである。崇伝の、利勝に結ぶには正純の口入れが必要である、という観察は、みごとにはずれたわけだ。

秀忠の側近グループ

こうして幕政の中枢は、秀忠側近によって固められ、その上に、秀忠の将軍政治が強力におしすすめられたが、忠世・利勝・重信らのほかに、当時の幕閣に名を連ねた人々は、すべて秀忠の側近グループであった。青山忠俊《あおやまただとし》・内藤清次《ないとうきよつぐ》・井上正就・板倉重宗・永井尚政《ながいなおまさ》らがそれである。

青山忠俊と内藤清次は、秀忠側近の江戸系政治家として、関東総奉行をつとめた青山忠成・内藤清成の子で、忠俊は慶長十八（一六一三）年相続して三万五千石、清次は同十三年相続して二万六千石、ともに元和二（一六一六）年老職となった。この両老は、留守居役の酒井忠利とともに、世子家光の補導役を命じられたが、清次は元和三年亡くなり、忠俊は同九年改易（減転）された。

これに対して、井上正就・板倉重宗・永井尚政は、幼少から秀忠に仕えた側近で、当時秀忠〝近侍の三臣〟とうたわれた。正就は元和元（一六一五）年加増あって一万石（小姓組番頭）となり、翌年には奉行人にすすんだが、さらに同八年には、加増あって五万二五〇〇石（遠江横須賀）となり、この年から加判の列（老職）となった。重宗は元和元年書院番頭となり、同六年には（一説に五年）、父勝重に代わって京都所司代に就任、寛永元（一六二四）年には、父の遺領をあわせて三万八千石に加増された。尚政も元和元年小姓組番頭となり、元和五年には加増あって一万五千石、同八年から老職となったが、寛永三年には、父の遺領をあわせて八万九一〇〇石（下総古河）となった。

書院番と小姓組番は、前述した大番とともに、幕府の直属常備軍の中心をなすもので、幕府職制の番方を代表するものであり、秀忠は、この番方組織の整備に力を入れた。なお、大阪の役後、秀忠は江戸城の完成を急ぐ一方、大奥《おおおく》法度や西丸法度をととのえたが、元和九（一六二三）年七月、将軍職を家光にゆずったあと、翌寛永元（一六二四）年から西丸に移った。これより秀忠側近の老職のうち、利勝・正就・尚政らは西丸老職となり、正就の死後は、青山幸成《あおやまゆきなり》（忠俊の弟）・森川重俊《もりかわしげとし》らが西丸老職となった。

果断な大名改易策

譜代側近勢力をブレーンとする秀忠の政治は、多方面にわたるが、その中心は、家康の晩年に「武家諸法度」の制定を通じて強められた大名統制策にあり、将軍職を家光にゆずったのちも、家康と同じく大御所（西丸居住）として、それの推進・強化にあたった。

家康は生前秀忠に対して、「あまり律義すぎる。律義ばかりでは世は治められぬ」と注意したことがあった。篤実・恭謙な律義者というのが、秀忠に対する大方の見方であった。ところが、家康の死後しばらくして、秀忠は弟の松平忠輝（越後高田　六〇万石）を改易し、果断な気性をみせて、こうした見方を一瞬に吹きとばした。

家康も、徳川一門（忠吉・信吉）を改易したが、それは世嗣断絶によるものであった。秀忠の忠輝に対する改易は、大阪の役における怠慢と旗本の殺害を理由とする政治的統制によるものであり、秀忠は、たとえ徳川一門といえども、幕命に服しないものは、容赦なく改易の鞭をふるうことを諸大名に明示して、幕府権力の強化につとめたのである。

こうして、秀忠はその晩年までに四一名の大名を改易した。そのうちわけは、外様大名二五名、徳川一門・譜代大名一六名となる。改易の理由は、両系統の大名とも世嗣断絶による改易が多かったが、ここでも、豊臣系外様大名に対する改易が多く、法律的理由による改易も、この系統の大名に多かった。こうして、福島正則（安芸広島　四九万八二〇〇石）・田中忠政（筑後柳川　三二万五千石）・最上義俊（出羽山形　五七万石）・蒲生忠郷（陸奥会津若松　六〇万石）らの有力外様大名がこの期に改易となった。

秀忠の大名統制策は、大名改易とならんで大名転封を強力におしすすめた点に特色があった。ちなみに、外様大名の転封は、秀忠時代がもっとも多く、また譜代大名の転封も、元和五（一六一九）年が最高のピークを示している。家康は大阪の役後、大阪とその周辺に譜代大名を配置したが、秀忠は大阪を直轄都市にする一方、さらに譜代大名の大阪周辺集中配置をおしすすめながら、大名改易によって無主空白地となった地域に、さかんに徳川一門・譜代大名を転封・配置した。

秀忠のこうした大名転封の強行策によって、出羽・播磨・和泉・紀伊・備後・豊後などに、新しく徳川一門・譜代大名が転封・配置された。こうして、畿内とその周辺、東海・信越地方、東北南部、四国のうち伊予、九州のうち筑後は、はげしい変化をうけ、それによって、豊臣政権下の領国体制はまったく変容した。また、これらの諸地方には、関東の譜代大名が転封・配置されたところが多く、それによって、関東もはげしい変化をうけ、その結果、関東地方は大名の数が減り、幕府の直轄地としての性格をつよめる一方、新しく取立てられる譜代大名の擡頭の基盤となっていった。

御三家の成立

家康は、大名改易の反面、慶長八（一六〇三）年以降も、さかんに徳川一門・譜代大名を取立てた。徳川一門の取立てで重要なことは、九男義直《よしなお》・一〇男頼宣《よりのぶ》・一一男頼房《よりふさ》などの直系一門を取立てたことで、義直・頼房は、忠吉・信吉の両一門のあとに配置され、尾張徳川家（義直　六一万九五〇〇石）・水戸徳川家（頼房　二五万石）ができあがった。頼宣は、はじめ駿河府中（五〇万石）に配置されたが、元和五（一六一九）年に紀伊和歌山に転封されて、紀伊徳川家（五五万五千石）となった。こうして、秀忠のとき、尾張・紀伊・水戸のいわゆる御三家ができあがった。

秀忠は、改易によって越後松平家（忠輝）を取潰したが、次男忠長《ただなが》を徳川一門に取立てる一方、三男正之《まさゆき》をして譜代大名の保科家を相続させた（保科松平家）。そのほか、家康・秀忠の時代を通じて、越前松平家より四家、久松松平家より一家、それぞれ徳川一門に取立てられた。

譜代大名は、家康のとき二三名、秀忠のとき三二名が取立てられたが、かれらは、覇権確立の直後取立てられた譜代大名の一門一族、あるいは新参譜代のものからなり、この面からも、幕府権力は、いっそう強化されたのである。

「側近政治」の後退

崇伝と天海の対立

以上のような権力の再編成にさいして、かつての家康の側近たちは、秀忠という名のバスに乗りおくれまいと、たがいにはげしくぶつかりあった。その典型が僧侶グループの崇伝《すうでん》と天海《てんかい》の激突である。家康は、死の直前、本多正純と崇伝および天海を枕もとによび、死後の葬儀の方法について遺言した。家康の遺体は、この遺言にもとづいて、ひとまず吉田家の宗源唯一神道《そうげんゆいいつしんとう》の式で久能山にほうむられた。ところが、葬儀がすむと、突如天海は、今回の葬儀が家康の遺言とちがっていると主張して、秀忠をはじめ、並みいる側近たちを驚かせた。なかでも崇伝は居丈高になって、

「僧正は何をいわれるか、狂気になられたか。」

といって、とがめると、天海も負けずに、

「和僧が何を御存じというのか、差し出がましきことは申さるるな。」

といい返し、二人ははげしく争った。

秀忠は不審に思い、ことの子細を尋ねると、天海は待ってましたとばかり、家康公は自分に対して、唯一神道ではなく、天台宗にみられる山王権現《さんのうごんげん》のように、両部（神道・仏法）習合の方法で神に祭れ、と遺言されたと説明した。結局この天海の主張が勝を制して、翌年山王一実神道《さんのういちじつしんとう》にもとづいて、日光山で改葬することになった。ところが、またまた神号をめぐって、崇伝（大明神説）と天海（大権現説）は、はげしく争った。両者の意見を調整しようとして、なかにはいった側近の老職に対して、天海が、

「とやかく説明する必要もござらぬ。あの豊国明神のさまをみられよ（豊国明神は秀吉の神号で、大阪の役後、神号を止められた）。」

というと、老職は「あっ！」と感嘆して、二言できなかったという。こうして、天海の主張通り、家康の遺体は、東照大権現として、日光山に鎮座することになった。

崇伝と天海は、ともに家康側近の僧侶グループとして活躍したが、家康の生前は、崇伝の活躍がひときわ日立っていた。両者の激突は、こうした状態に不満をもちつづけた天海が、土井利勝らの秀忠側近と結びつき、家康の遺言を捏造《ねつぞう》して、本多正純と結ぶ崇伝に戦いをいどんだものとみることがで

きる。この一戦によって、両者の位置は顚倒し、〝黒衣の宰相〟は、崇伝から天海に衣がえした。天海は、のち他宗の寺院を天台宗に改宗して、その支配下におき、寛永二（一六二五）年には、忍岡に東叡山《とうえいざん》寛永寺を創建した。

権力への追従

家康が死去し、天海との論争に敗れた崇伝は、よほどこたえたとみえて、そのころ、例の細川忠興あてに、「ことのほか気も尽、草臥《くたびれ》申し候」と書き送っている。かれは、このとき四十八歳であるから、肉体的に衰えてきたのではなかった。つまりはショックだったわけである。

そのかれも、なんとか〝バス〟に乗りおくれまいと、秀忠側近の老職たちに、歳暮の進物を贈って取り入ろうとしている。面白いのは、相手によって、進物の量を手加減していることで、例えば、利勝には餅米五俵に足袋五足、忠世・重信らには足袋五足、忠利・正就らには足袋三足、といった具合である。実力者に多く贈るのは、昔も今も変わりないものとみえる。

下って寛永四（一六二七）年には、いわゆる〝紫衣《しい》事件〟（天皇の勅許により紫衣を着用した僧侶を、「禁中並公家諸法度」に違反したものとして、あばいた事件）に関係し、これに反対した沢庵《たくあん》・玉室《ぎょくしつ》らの処分を主張して、点数をかせいだが、もはや昔日のおもかげはなく、かえって世の批判をあびた。なお、後水尾天皇は、譲位をもって〝紫衣事件〟に抗議した。その直後に天皇がつくった「葦原《あしはら》よしげらばしげれおのがまま、とても道ある世にあらばこそ」という歌は、幕府権力に屈服した天皇の怒りと絶望を示すものであった。

豪商グループの後退

家康側近の豪商グループのうち、角倉了以《すみのくらりょうい》は、慶長十九（一六一四）年に亡くなり、後藤庄三郎《ごとうしょうざぶろう》は、元和元（一六一五）年ごろより眼病をわずらって盲同然となり、子に名跡をゆずって引退した。また亀屋栄仁《かめやえいにん》・長谷川左兵衛《はせがわさべえ》・茶屋四郎次郎《ちややしろうじろう》らは、それぞれ暇を出されて駿府を引き揚げることとなり、栄仁は元和二年、左兵衛は翌三年に亡くなった。呉服師として秀忠の側近御用商を最後までつとめた四郎次郎も同八年にはこの世を去った。

このように、権力の再編成にさいして、家康の旧側近グループの一部は、新興勢力と結びついて、政治的地位を確保したが、その多くは全面的に後退することになった。このことは、大御所（家康）の個人的信任によって権勢をふるう創業期の側近政治が後退し、これとはうらはらに、江戸幕府という機構のなかで、将軍（秀忠）の側近たちによって幕政が運営されるようになったことを意味している。そして、これらの側近たちは、ほとんど譜代勢力によって占められ、そこでは、小姓組番頭（将軍の親衛隊長）→譜代大名→老職（のちの老中）というルールが成立しつつあった。したがって、同じ側近といっても、秀忠のそれは、単に個人的信任ばかりでなく機構をふまえたものであり、それだけに、幕政上に占める幕閣の地位は、きわめて強力なものとなった。しかしなお、家康の旧側近グループの一部が、周辺を取り巻いていたところに、創業期の側近政治を完全に清算できない状態があった。

Ⅲ　老中政治の展開

家光をめぐる人々

生まれながらの将軍

秀忠の長男家光（幼名竹千代）は、父秀忠とちがい〝生まれながらの将軍〟として、慶長九（一六〇四）年、江戸城西丸で生まれた。ところが、弟の忠長《ただなが》（幼名国千代）が生まれると、母の浅井氏（長政の娘）は、忠長をことのほか愛し、秀忠も、この年上の夫人に聞くところが多かったので、一時は世子の地位も危ぶまれるほどであった。

こうした両親の態度が、嫡庶をはっきりと区別し、徳川永久政権を求める家康の怒りにふれないはずはなかった。家康は、「家光が両親ににくまれるようだったら、駿河にひきとって、わが子として三代将軍にするぞ」とはげしく叱りつけたので、秀忠夫妻も、ようやく納得したという。そして、その陰の功労者が、家光の乳母お福であった。お福は、秀忠夫妻の忠長に対する態度をみて、その嫉妬も手伝い、家康に働きかけたのである。このお福は、明智光秀《あけちみつひで》の妹の子斎藤利三の娘で、稲葉正成《いなばまさなり》の後妻であった。家光の誕生と同時に乳母になったが、彼女こそ、家光時代に権勢をふるう春日局《かすがのつぼね》である。

家光と信綱・忠秋

家光の誕生と同時に、小姓《こしょう》としてつけられたのは松平信綱《まつだいらのぶつな》であり、当時信綱は九歳であった。おくれて慶長十五（一六一〇）年、家光七歳のとき、阿部忠秋《あべただあき》が小姓としてつけられた。忠秋もこのとき九歳であった。

松平信綱は、慶長元（一五九六）年、代官役をつとめる大河内久綱《おおこうちひさつな》の長男として生まれた。かれがそのまま大河内家をついでいたら、せいぜい名代官ぐらいでとどまっていたであろう。ところが、正綱《まさつな》を叔父にもつことが、かれの一生に幸運をもたらした。正綱は、すでに述べたように（七四頁）、家康側近の近習出頭人となり、勘定頭に就任した人で、信綱の才は、正綱の目にとまり、六歳のとき、その養子にむかえられた。こうして、大河内長沢松平家としての信綱が誕生し、三年後には家光に付属されたのである。

阿部忠秋は、信綱におくれること六年、慶長七（一六〇二）年、阿部正勝《あべまさかつ》の次男忠吉《ただよし》の子として生まれた。阿部家は三河譜代の家柄で、正勝は、家康の人質時代、つねに傍にあって、苦労をともにしながら成長した。その後正勝は、数々の武功をたて、関東入国後は、五千石の上級旗本となった。長男の正次《まさつぐ》は、慶長五年相続し、覇権確立後は譜代大名に取立てられた。忠秋の父忠吉は、はじめ大須賀康高の養子となったが、のち家康に召し出されて直臣（旗本）となり、一五〇〇石あたえられて、御徒頭《かちがしら》をつとめた。忠秋が家光に付属されたのも、阿部家の徳川氏に対するこうした結びつきによるものであった。

ともかくも、この二人は、幼少の家光に近侍し、幼友達として、ともに成長した。幼少時の信綱は、相当の悪戯者だったらしいが、その間にも、後年の〝知恵伊豆〟は、早くもその片鱗を示していたという。とくに家光に対しては、早くも才気と忠誠をあらわしていた。

あるとき、幼い家光のいうがままに、夜中寝殿の軒端に巣くった雀を捕えようとして、足をふみはずし、中庭にどうと落ちた。怒った父将軍秀忠が、あれこれ詰問しても、口をふさいで家光の名をつげなかった。秀忠は、ますます怒って、「年ごろにも似ぬ不敵な奴だ」といって、大きな袋のなかに入れて柱にかけ、食を絶ったが、罪を一身に背負った信綱は、なお口を割ろうとしなかった。この場は、秀忠夫人のとりなしで無事におさまったが、秀忠は、夫人にむかって、信綱がいまの心で成長すると、わが子家光にとっては、またとない忠臣になるだろうと語り、ことのほか喜んだという。

信綱の家光に対する忠誠は、幼少からこのようなものであった。忠秋の幼少時代は、信綱にくらべて逸話は少ないが、家光に対しては、これまた昼夜の別なく奉公を尽した。こうして、信綱と忠秋は、幼友達として、ともに遊びながらも、家光の絶大な信任を獲得していったのである。

この二人に前後して、家光に近侍し、信任をえたのは堀田正盛《ほったまさもり》と三浦正次《みうらまさつぐ》である。堀田正盛は、慶長十三（一六〇八）年、堀田正吉《まさよし》（正利《まさとし》ともいう）の長男として生まれた。正吉は、はじめ信長に仕え、のち浅野長政・小早川隆景・同秀秋に仕えたが、かれの妻が、春日局の夫稲葉正成とその先妻のあいだに生まれた娘であった関係から、慶長十年、家康に召し出され、五〇〇石取りの書院番の番士となり、元和五（一六一九）年には、西丸付（家光）の目付となった。こうして、翌六年から、正盛の家光近侍がはじまる。ときに正盛は十三歳であった。

三浦正次は、慶長四（一五九九）年、三浦正重《まさしげ》の長男として生まれた。三浦氏の家系ははっきりしないが、正重の妻が土井利勝の妹であった関係から、父子ともに、生国三河を離れて江戸にいたり、利勝のもとに身をよせた。正次は、慶長十二年、家康・秀忠に召し出され、このときより家光に近侍した。恐らく利勝の推薦によるものであろう。ときに正次は九歳であった。

家光の将軍教育者

元和元（一六一五）年、大阪の役がすむと、家康は秀忠に相談し、早くも秀忠側近の酒井忠世・土井利勝・青山忠俊の三人を、家光の補導役にさせ、〝将軍教育〟をはじめさせた。忠世は厳正で重厚であったから、第一の後見として、慈仁ふかく、軽佻にならぬように教育せよ、利勝は明敏で才智にとんでいたから、機にのぞみ変に応じて献言せよ、忠俊は強豪で撓《たわ》むところのない性質であったから、勇気をひきたて、軟弱にならないよう守り立てよ、というのがその狙いであった。

少年家光は、威儀正しく言葉の少ない忠世をもっとも恐れていた。忠俊は、家光に諫言して入れられないときは、いつも刀を投げ出し、肌を出して、膝元によりすすみ、「伯耆《ほうき》（忠俊）の首をはねられたうえで、お心を直されよ」ときつくいましめた。利勝は、忠俊らが退席したあとで、酒など取出し、機嫌をもち直させて、「伯耆の申したことを尤もにお考えになりませぬか、雅楽（忠世）がこのことを聞けば、そのままにはしておきますまい。伯耆が申したことをお用いなされよ」とやんわり説得するといった調子であった。三人三様その長所をかたむけて、家光の〝将軍教育〟にあたったのである。

元和二（一六一六）年、家康が亡くなると、秀忠は、同じく側近の酒井忠利・内藤清次（翌年死亡）を、この役にあて、忠俊はそのまま〝将軍教育〟にあたらせた。秀忠の政治が具体化するにともない、忠世・利勝は〝将軍教育〟に専念できなくなったためであろう。また、元和六年には、忠利の長男忠《ただ》勝《かつ》が家光に付けられた。

こうして、家光を三代将軍に仕上げる道具立は、着々と準備されていった。このため、少年時代は小心温厚であった家光も、しだいに威容をそなえ、闊達な気性をもつようになった。幼なじみの側近たちも、元和の末年には、松平信綱が二十八歳、三浦正次が二十五歳、阿部忠秋が二十二歳、堀田正盛が十六歳となっていた。とくに信綱と忠秋の両側近は、俊秀のきこえが高く、この二人が家光の人間形成にあたえた影響も少なくなかった。

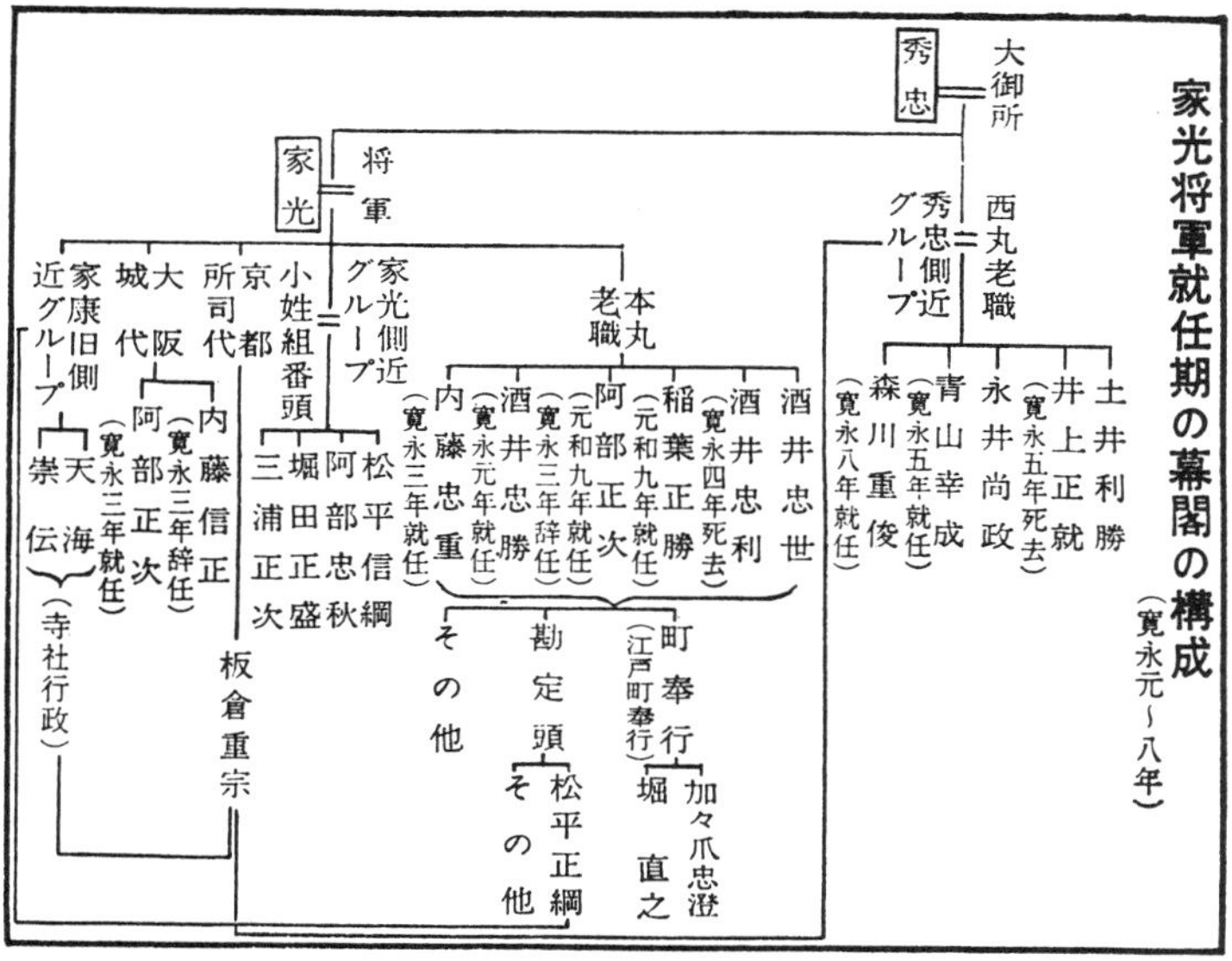

家光将軍就任期の幕閣の構成（寛永元～八年）

ふたたび二元政治

元和九（一六二三）年七月、秀忠は将軍職の譲位を決意し、ここに三代将軍家光が誕生した。この月の二十七日、家光は伏見城において、これまでの先例にならい、後水尾天皇から、正二位内大臣、征夷大将軍、源氏長者、淳和奨学両院別当に任じられ、牛車・兵仗をゆるされた。徳川将軍の世襲体制はいよいよ強化され、諸大名に対する武威はますます高揚していった。

家光は将軍になるや、外様大名をあつめて、家康公・秀忠公は、外様大名と同列であったため、何かと優遇してきたが、自分は〝生まれながらの将軍〟であるから、今後は譜代大名なみに扱う。不平があるなら帰国してよく考えよ。弓矢で戦うのは武士の習いである。自分はまだ戦陣の経験がないから、一戦をまじえて、軍力をためしてみようではないか、という旨の宣言をしたという話は有名であるが、これなど、威容をそなえた新将軍の面目が躍如としているといえよう。

しかし、秀忠が家康と同じく大御所（西丸居住）として、政治の実権をにぎっていたので、家光の政治が名実ともに具体化するのは、秀忠が亡くなる寛永九（一六三二）年以降であった。ここで、ふたたび二元政治がとられたが、家康の場合は、政権の世襲を示すのが主であったのに対し、秀忠の場合は、自由な立場で、大名統制を強化するのが主であった。そして、この二元政治のもとで、秀忠の死後具体化する寛永政治の基礎は、新将軍の手もとで着々と準備される。

二元政治下の幕閣

寛永元（一六二四）年、西丸に移った秀忠は、これまでの老職のうち、土井利勝・井上正就・永井尚政らを西丸老職とした。これに対して、酒井忠世らは、新将軍のもとでひきつづき本丸老職となり、酒井忠利は同じく留守居を兼ねた。そして、新しく稲葉正勝《いなばまさかつ》・阿部正次・酒井忠勝・内藤忠重《ないとうただしげ》らが、本丸老職となった。しかし、この新旧取りまぜた幕閣の構成は、二元政治のもとでの過渡的な存在であった。

稲葉正勝は、春日局と稲葉正成のあいだにできた子で、春日局が家光の乳母になると同時に、家光に仕え、小姓組番頭・書院番頭を経て、元和九（一六二三）年、家光の将軍就任とともに、老職に抜擢された。春日局の恩に報いたものである。その後正勝は、たびたびの加増を経て、寛永九（一六三二）年には、相模小田原にて八万五千石あたえられた。

青山忠俊は、家光に対する補導役としての昔の態度が改まらず、新将軍に対して、公衆の前で子供のように叱りつけたので、ついに家光の勘気にふれ、元和九年十月改易（減転）されたが、代わって老職となったのが阿部正次であり、このとき相模小田原から、忠俊のあと武蔵岩槻（五万五千石）に転封された。しかし、三年後の寛永三（一六二六）年には、大阪城代に転出する。

酒井忠勝は、忠利の長男で、忠世とも従兄弟にあたる譜代の名門である。すでに元和六（一六二〇）年から家光に仕えていたが、寛永元（一六二四）年老職となった。性質謹直で徳望も高く、家光の信頼も大なるものがあった。土井利勝とともに寛永政治の元老として活躍する。老職就任後は武蔵深谷にて五万石、寛永四（一六二七）年には、父の遺領をついで、武蔵川越にて八万石あたえられた。

内藤忠重は関東総奉行をつとめた内藤清成の弟で、元和三（一六一七）年亡くなった老職兼家光の補導役内藤清次の叔父にあたる。慶長十五（一六一〇）年から家光に仕え、将軍就任後は小姓組番頭・書院番頭を経て寛永三年老職となった。石高は無城主で二万石。のち同十年、志摩鳥羽（三万五千石）に配置される。

こうした過渡的性格をもつ幕閣の構成のもとで、寛永政治に登場する新官僚の陣容がととのえられる。それは、かつての幼なじみの側近グループの人々である。

松平信綱・阿部忠秋は、元和九（一六二三）年、ともに小姓組番頭となり、家光の将軍宣下のときは、これにしたがって上京、信綱は伊豆守に、忠秋は豊後守に補せられ、新将軍のもとで、側近第一号として発足する。また、堀田正盛は出羽守（のち加賀守）、三浦正次は志摩守に補せられた。明けて寛永年間、忠秋・正盛は同三（一六二六）年、信綱は同四年、正次は同七年、いずれも小姓組番頭を経て、譜代大名に取立てられた。ここで寛永政治の基礎は、一切の準備を完了する。

秀忠の死

秀忠は、寛永八（一六三一）年より発病し、病いの床についたが、家光を枕もとによんで、「徳川家が天下をとってから、なお日も浅い。いままでに制定した法令も、まだ完全とはいえない。近いうちに、これを改修しようと思っていたが、いまは不幸にして、その志を果たすことができない。自分が死んだのちは、少しもはばかることなく、これを改修せよ。これこそが、自分の志をついだことになる。孝道とは、そのようなものよ。」と遺言し、翌九年の正月二十四日、五十四歳で亡くなった。西国の外様大名の動きを心配しながら、息をひきとった家康の死にくらべると、大きなちがいである。

西丸老職のうち、井上正就は、さきに寛永五（一六二八）年、西丸において、目付役の豊島正次に殺害されたが、森川重俊は、秀忠の死後、これに殉死した。土井利勝は、秀忠に「わが病すでに易簀《えきさく》（死）に近し、汝今よりのち本城にまかり、政事をつとむべし」との遺命をうけ、これより、家光に仕えて、本丸老職となった。永井尚政は、寛永十年、西丸老職を解任となり、下総古河から山城淀に転封された。

こうして、秀忠の死によって、二元政治は解消し、西丸老職は解散した。かつての側近グループでは、土井利勝が本丸老職となったほかは、あるいは死去し、あるいは解任されて、幕閣より後退することになった。秀忠〝近侍の三臣〟のうち、家光治下で活躍するのは、京都所司代の板倉重宗だけである。ここで、準備を完了した将軍家光の寛永政治が名実ともに具体化する。

生まれながらの将軍権力

新幕閣の発足

家光の寛永政治は、まず、酒井忠世・土井利勝・酒井忠勝・稲葉正勝・内藤忠重らを幕閣のメンバーとして発足した。忠世・利勝は、かつて家光の補導役をつとめた秀忠の側近で、すでに忠世は六十一歳、利勝は六十歳に達していた。文字通り元老としてのぞんだものであるが、この両重鎮が閣内にとどまることによって、家光の将軍就任後登場した若手老職（忠勝・正勝・忠重）によって構成された幕閣に、ひときわ重きをくわえた。

利勝が閣内にとどまったのは、秀忠の遺命によるとはいえ、そこは明敏で才智にとむ利勝のこと、家光の信任もふかく、当代でも幕閣の第一人者たる地位を失わなかった。これに対して、忠世は、

〝将軍教育〟のころから家光に恐れはばかられていた。秀忠も生前このことを心配し、ある日、家光をよんできつくいましめた。

「将軍（家光）には、雅楽（忠世）が気に入らんとみえる。かれは東照宮（家康）いらいの旧臣で、天下大小の政事に熟練している。だからこそ、大統（将軍職）をゆずったとき、そなたにつけて本丸老職とした。それなのに、気に入らんというのは、そなたの我意というものだ。天下を治めるには、我意はよくない。」

このことがあってから、忠世は、家光から一発お目玉を頂戴するだろうと覚悟していると、かえって、

「今日は、御隠居様（秀忠）から、ことのほかお叱りをうけた。よく考えると、そなたが天下の政道を大事と思っていった言葉を、これまで悪様《あしざま》に聞いていたのは悪かった。これからは、思うところをのこさず述べよ。」

といわれ、重用されることになったという。こうして、利勝とともに閣内にとどまったが、利勝にくらべて、家光とのあいだはしっくりしなかったようである。

忠広と忠長を血祭りに

以上のメンバーをブレーンとする家光の寛永政治は、家光自身、外様大名の「優遇」をきっぱりやめると宣言した〝生まれながらの将軍〟にふさわしく、強力な大名統制からはじまった。まず最初に

血祭りにあげたのが加藤忠広《かとうただひろ》と駿河大納言忠長《するがだいなごんただなが》の二人である。

加藤忠広は清正の子で、肥後熊本五一万五千石の外様大名である。清正は秀吉子飼の有力大名であったが、徳川氏に対してもすすんで忠節をはげみ、家康に乗ずべき機会をあたえなかった。しかるに、清正が慶長十六（一六一一）年に亡くなると、〝主幼なるときは、権臣たがいに相鬩《せめ》ぐ〟習いで、加藤一門が両派に分かれて抗争し、慶長十九年および元和四（一六一八）年の二回にわたって、幕府の裁断をうけた。このとき、忠広は幼少の理由によって、何等の咎めもなかったが、家光は、秀忠の死後四ヵ月にして、寛永九（一六三二）年六月、ついに「常々身持ちよからず」という理由によって改易し、出羽庄内に配流し一万石をあたえたのである。

駿河大納言忠長は、秀忠の次男で、幼少より聡明のきこえ高く、秀忠夫妻の愛をひとり占めにして、一時は兄家光をしのいで世子にうわさされるほどであった。家康の断固とした態度によって、世子は家光に決定したが、家光にとっては、いわばライバルであり、恐い存在であった。家光が将軍となり正二位内大臣にすすむと、忠長は従三位権中納言にすすむ、といったあんばいで、寛永元（一六二四）年には、駿河・遠江・甲斐・信濃のうちにて五〇万石をあたえられ、同三年には、義直（尾張徳川家）・頼宣（紀伊徳川家）とともに従二位権大納言にすすみ、その地位は御三家に匹敵するものがあった。このような状態であったから、忠長の行為には、幕府の目にあまるものがあり、あるいは大阪への転封を望み、あるいは一〇〇万石に加増されることを願い、さらにまた、参勤の諸大名を厚遇して駿府に逗留させるなど、忌憚の原因となるようなことを、あえておこなった。

寛永三（一六二六）年の母浅井氏の死は、忠長の運命への秋の訪れを示す桐の一葉であったが、その後、かれの行為は凶暴性をおびるようになり、あるいは殺生禁制の浅間山で猿狩りをおこない、あるいは幕府から付けられた家臣を手討ちにした。秀忠もついにみるにしのびず、同八年甲斐蟄居《ちつきょ》を命じた。その後かれは大いに後悔し、天海や崇伝らに書を送って、赦免されるように運動したが、秀忠は間もなく亡くなり、家光は、忠広改易後四ヵ月にして、忠長を改易し、上野高崎の安藤重長《あんどうしげなが》へ預け、この年の十二月、配所高崎において自害させた。

土井利勝と謀反説

この期を同じくした二人の改易に、色々のうわさが乱れとんだ。その一つが二人の謀反説であり、そのからくりを仕立てたのが土井利勝というのである。そのからくりというのは、利勝が諸大名にさぐりを入れるために、わざと家光の覚えがよくないように取りつくろって、謀反の廻文を諸大名に回したところ、諸大名はびっくりして、利勝謀反の企てを幕府に報告したのに、忠長と忠広だけは、なんとも報告しなかった。これが改易の理由である、というのである。この点について、『徳川実紀』も、つぎのように記している。

「大炊頭利勝智謀ゆゝしき人にて、大御所（秀忠）薨じ給い、新主（家光）世をしろしめす始にあたり、諸大名の心をひきみんため、わざとおのれ反逆して、辱《かたじけなく》も当代をかたぶけ奉り、駿河殿（忠長）

を天下の主に仰がんとするとて、同意の人々をかたらう廻文をめぐらしたりしかば、諸大名これをみて大いにおどろき、仙台黄門政宗をはじめ、みずからうたえ（訴え）しもあり、また内々封事して聞え上げしもありしうちに、駿河殿と忠広父子のみ、何ともうたえざりしかば、かくてぞ天下の人心も明らかにしられたりという事を、古き文に書きつたえし事もあれば、光広が戯もより所なきにあらず、また父肥後守忠広御不審蒙りしも、ゆえなき事にはあらざるべし。」

この説は、幕閣の第一人者である利勝が、家光のライバルである忠長を擁して謀反をくわだて、これに外様大名の雄忠広が加担する、というからくりにおいて面白いものがあるが、後世の偽作のため、とるに足りない。要するに、家光が幕府権力の強化のために、〝生まれながらの将軍〟権力を行使して改易したものであり、それは、秀忠の福島正則および松平忠輝の改易に匹敵するものがあった。

とくに忠長は、幼少からの家光のライバルであり、恐い存在であっただけに、忠長の改易は、家光の前からの予定行動であったにちがいない。それは、「国（忠長）は、いつにても兄（家光）を越して、先にものを申し候が、はなはだよろしからぬ事なり。左様に出過ぎ候ては、ゆくゆく兄に憎まるべきものを」という父秀忠の憂慮を、地でいったものであった。忠輝が改易されたときは、伊勢朝熊《あさま》に配流され、のち飛騨・信濃に移されて、天寿を全うし、天和三（一六八三）年、九十三歳で亡くなったのに対し、家光は忠長の生命まで奪ってしまった（ときに忠長は二十七歳）。家光がいかに忠長の存在を危険視したか理解することができよう。

将軍権力の確立

家康の嫡庶をはっきりと区別し、一門大名に対する徳川宗家＝将軍家の絶対権を確立しようとする意図は、秀忠の忠輝に対する改易によって実行に移され、いままた、家光の忠長に対する改易によって弥《いや》が上《うえ》にも高揚された。それがまた、幕府の大名統制の強化に、大きな効果があったことはいうまでもない。

こうして、三代将軍の家光までに、諸大名（徳川一門を含めて）に対する強力かつ絶対的な将軍権力が確立されるにいたったのであり、このことが、日本の近世封建制である幕藩体制社会に、西ヨーロッパの封建社会にみるような王位継承戦争（たとえば、イギリスのバラ戦争）がおこらなかった理由にほかならない。幕藩体制社会では、その後将軍の世継問題で、多少の対立はみられたが、まったく表面化するにいたらず、それが日本史の重大問題として表面化するのは、下って安政年間（一八五四〜五九）の政局を待たなければならない。この場合も、外圧のなかで、安政条約の勅許問題とからみあった特殊な争いであった。

家光の大名廃絶録

家光は、その後も大名統制を強化し、その晩年までに四九名の大名を改易した。そのうちわけは、外様大名二九名、徳川一門・譜代大名二〇名となる。改易の理由は、両系統の大名とも世嗣断絶による改易が多かったが、ここでも、豊臣系外様大名に対する改易が多く、法律的理由による改易も、この系統の大名に多かった。家光の大名改易の基調が、家康・秀忠のそれを継承・強化することにあったことがわかる。こうして、加藤忠広のほかに、堀尾忠晴（出雲松江　二四万石）・蒲生忠知（伊予松山　二四万石）・京極忠高（出雲松江　二六万四二〇〇石）・生駒高俊（讃岐高松　一七万一八〇〇石）・加藤明成（陸奥会津若松　四二万石）らの有力外様大名がこの期に改易となった。

家光も、大名改易とならんで大名転封を強力におしすすめたが、家光の場合は、加藤・堀尾・蒲生・京極・生駒氏らの改易を契機に、これまで、比較的変化が少なかった中国・四国・九州の各一部にまで、それを強行したところに特色があった。

こうした大名転封の強行策によって、出雲・石見・伊予・讃岐・豊前・肥前などの辺境地帯に、新しく徳川一門・譜代大名が転封・配置され、この期に、徳川系大名の配置は、ほぼ全国におよんだ。重要なことは、その一環として、松山松平（久松系）・松江松平（越前系）・高松松平（水戸系）・会津松平（保科系）の四家が成立したことであり、御三家とならんで、幕府権力の有力な支えとなった。これらの徳川一門を、御三家に対して御家門という。

なお、外様大名の転封は、寛永年代（一六二四～四三）を境にいちじるしく減少し、辺境地帯に配置された徳川一門・譜代大名とともに漸次定着し、その領国は固定化していくことになった。そのため、辺境地帯における譜代大名の転封は、特定の譜代藩にかぎられていく。これに対して、関東から東海・畿内とその周辺にかけての中央地帯においては、譜代大名の転封が、幕政機構の整備にともな

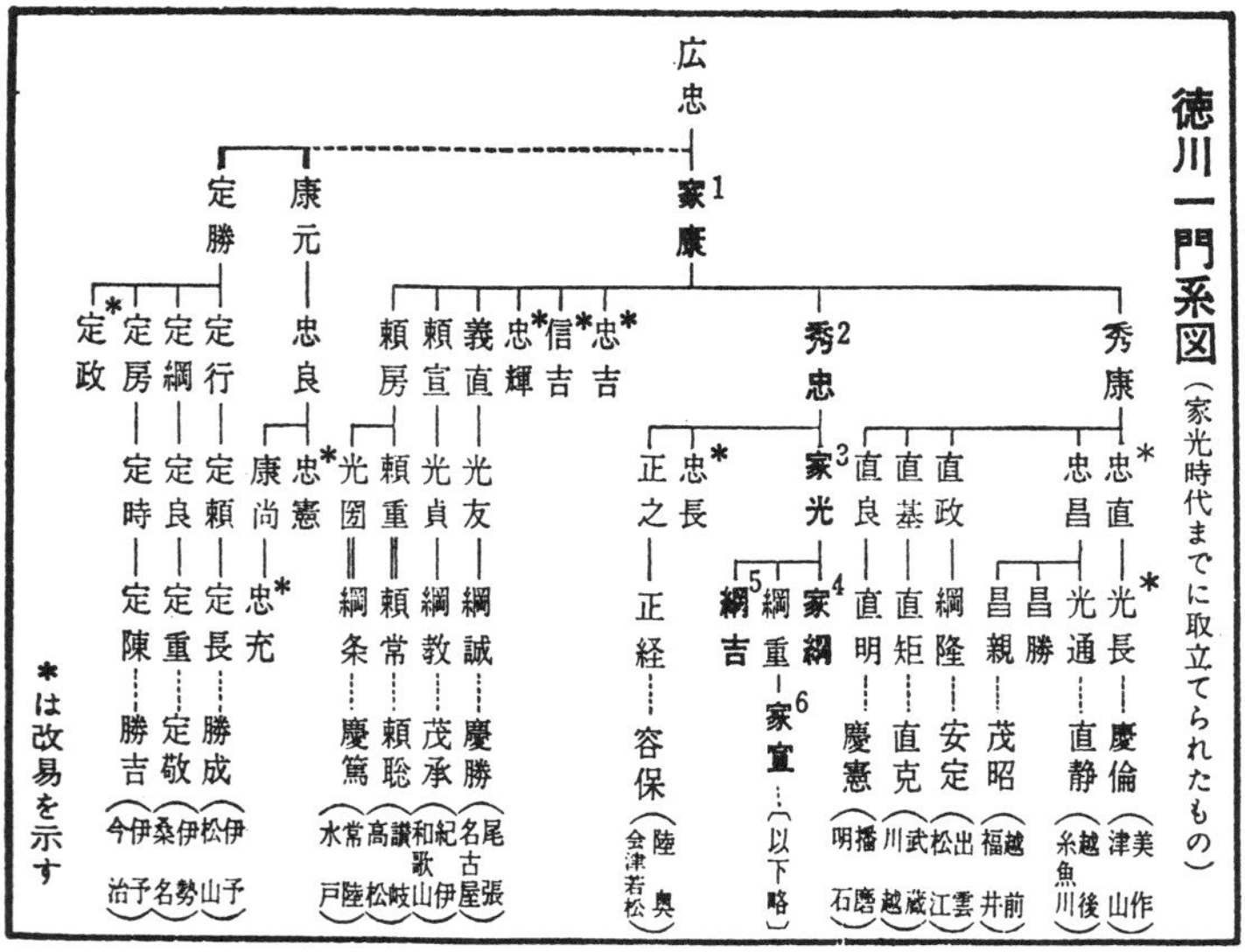

徳川一門系図（家光時代までに取立てられたもの）

う行政的転封をはじめ、改易や交換によってさかんにおこなわれていく。

一門・譜代の増強

家光の忠長改易により、徳川一門のなかでは御三家が優位に立ち、その地位が確定したが、家光は晩年にいたり、次男綱重《つなしげ》（のちの甲府徳川家）・四男綱吉《つなよし》（のちの館林徳川家）などの直系一門を徳川一門に取立てた。この両家は、将軍家と御三家の中間に位置し、直系一門間に特殊な関係を形成した。そのほか、家光の時代に、越前松平家が七家に、久松松平家が五家に拡大した。

家光は、徳川一門とともに譜代大名をさかんに取立て、この期に三三名の譜代大名を取立てた。かれらは、家康・秀忠の時代と同じく、覇権確立の直後取立てられた譜代大名の一門一族、あるいは新参譜代のものからなり、前者に属するものは、しだいに分知配当による分家大名が多くなってきたところに、家光時代の特色があった。

こうして、家光の時代までに、延べ一七名の徳川一門のほか、延べ八八名の譜代大名が新旧両階層から取立てられたのであり、これを覇権確立の直後取立てられた六八名の徳川一門・譜代大名にくわえると、じつにその延べ総数は一七二名（改易を含まず）となる。ここに、幕府権力を支える強力な基盤ができあがった。

幕閣の確立

六人衆＝若年寄の成立

家光治下の幕閣は、当初、酒井忠世・土井利勝の両元老を筆頭に、家光の将軍就任後老職となった酒井忠勝・稲葉正勝・内藤忠重らをメンバーとして発足し、当面、幕府権力を強化するための強力な大名統制を実施したが、翌寛永十（一六三三）年になると、幕閣の新しい陣容がととのいはじめる。すなわち、同年三月、家光側近の若手グループである松平信綱・阿部忠秋・堀田正盛・三浦正次の四名に、新たに小姓組番頭の太田資宗《おおたすけむね》・阿部重次《あべしげつぐ》の両名をくわえて、「小事」は、今後この六名で協議させることにした。当時、これを「六人衆」とよんだが、これが若年寄の起源である。

太田資宗は、太田道灌の子孫で、父重正《しげまさ》のとき家康に仕え、資宗は、その次男として、慶長五（一六〇〇）年に生まれた。はじめ家康に仕えたが、のちに秀忠に付属され、家光の将軍就任後は、数回の加増を経て五六〇〇石の上級旗本となり、寛永九（一六三二）年には、書院番頭から小姓組番頭に移り、側近の一人となった。

阿部重次は、かつて家光治下で老職をつとめ、大阪城代に転出した正次の次男で、忠秋とは従兄弟にあたる。慶長三（一五九八）年に生まれ、はじめは三浦重成の養子となったが、寛永五（一六二八）年、兄政澄《まさずみ》の死によって、正次の嫡子となり、同九年、小姓組番頭にすすみ、資宗とともに側近にくわわった。

老中・若年寄の職務規定

ついで、寛永十年五月、阿部忠秋と堀田正盛は、松平信綱と同じく宿老並（老職並のこと）の扱いをうけることになったが、翌十一年三月には、老職（老中）と六人衆（若年寄）の職務規定がもうけられた。すなわち、つぎの通りである。

「老中職務定則」

一禁中并公家・門跡衆之事、

一国持衆・総大名壱万石以上、御用并御訴訟之事、

一同奉書判形之事、

一御蔵入・代官方之御用之事、
一金銀納方並大分御遣方之事、
一大造之御普請並御作事、堂塔御建立之事、
一知行割之事、
一寺社方之事、
一異国方之事、
一諸国絵図之事、
右之条々、御用之儀並訴訟之事、
寛永十一年戌三月三日
酒井雅楽頭（忠世）
土井大炊頭（利勝）
酒井讃岐守（忠勝）

「若年寄職務定則」
一御旗本相詰候万事、御用並御訴訟之事、
一諸職人御目見並御暇之事、

一医師方御用之事、
一常々御普請並御作事方之事、
一常々被レ下物之事、
一京・大坂・駿河、其外所々御番衆並諸役人、御用之事、
一壱万石以下、組はつれ之者、御用並御訴訟之事、
右之条々承届、可レ致二言上一者也、
寛永十一年三月
松平伊豆守（信綱）
阿部豊後守（忠秋）
堀田加賀守（正盛）
三浦志摩守（正次）
阿部対馬守（重次）
太田備中守（資宗）

右の職務規定によって、老中（当時は、なお老職または年寄とよんでいた）と若年寄のあいだの職務分掌が、はじめてはっきりと定まり、老中は大名支配、若年寄は旗本支配となったが、六人衆は、なお小姓組番頭をかねていた。

西丸の炎上と忠世の失脚

家光の初政に、老職に抜擢され、異例の人事として注目された稲葉正勝は、すでに、この年の正月、三十八歳の若さで亡くなり、幕閣の新しい陣営から脱落したが、家光としっくりしなかった酒井忠世にも、間もなく失脚の日が訪れてきた。その契機となったのが、同じ寛永十一年七月の江戸城西丸の火災事件である。

家光は、この年の六月上京したが、このとき留守をあずかったのが忠世である。ところが、七月二十三日の夜、西丸の厨《くりや》から失火して、西丸が全焼してしまった。忠世は、責任の重大さに恐れて寛永寺にひき籠り、罪をまったが、これを急使で知った家光は、ことのほか激怒し、

「火災は過失よりおこるとはいえ、天災ともいうべきで忠世の罪ではない。しかるに、主君よりあずかった大切な城を捨てて、寺院に入るというのは言語道断である。幸い世は太平だからよいようなものの、これが戦国の乱世であれば、いったいどういうことになるか。失火したからといって、大切な城を捨て去るのは、武士としても臆病至極、沙汰のかぎりである。」

と申しわたした。家光は、失火そのものより、城を離れたことに、はげしい憤りを感じた。忠世は、忠世の考えにしたがって寛永寺にひき籠ったが、事態はまったく逆に展開した。幼少のとき、厳正な忠世を恐れていた小心者の家光も、いまや威容をそなえた天下の青年将軍、六十三歳の筋金入りの元老を「臆病者」扱いにしてしまった。

家光の機嫌を損じた忠世は、なおさら恐縮して、いよいよ寛永寺を出ようとせず、天海にたのんで、尾張・紀伊両家を通じ、しきりに謝罪を願った。両家も、利勝・忠勝らの老中を通じて、家光にとりなしたので、その年の暮近くになって、ようやく家光の勘気がとけた。しかし、この一件があってから、忠世の勢力は、にわかに後退し、翌々十三（一六三六）年三月、憂愁のうちに、六十五年の生涯を閉じた。

なお、忠世の嫡子忠行《ただゆき》は、父の死後その遺領（上野厩橋《うまやばし》）を相続、先にあたえられた三万石をあわせて、すべて一五万二五〇〇石を領し、譜代大名の上位に位置したが、もてる地位と政治力を発揮しないままに、同じ年の十一月、父のあとを追うようにして、三十八歳の若さで亡くなった。こうして、譜代の名門である酒井雅楽頭《うたのかみ》家も、寛永政治より後退し、代わって、祖父正親《まさちか》から分かれた忠利系酒井家の忠勝が、土井利勝とともに、寛永政治の元老として活躍する。

青年幕閣の誕生

酒井忠世が老中より失脚してのち、約一年後の寛永十二（一六三五）年十月には、家光側近の若年寄である松平信綱・阿部忠秋・堀田正盛の三名が、正式に土井利勝・酒井忠勝とともに連署の列（老中）にくわわり、小姓組番頭の兼任をとかれた。そして、新たに利勝の嫡子利隆《としたか》、忠勝の嫡子忠朝《ただとも》（のち廃嫡）、および一月おくれて朽木稙綱《くちきたねつな》の三名が、小姓組番頭に任じられ、三浦正次・太田資宗・阿部重次とともに若年寄となった。

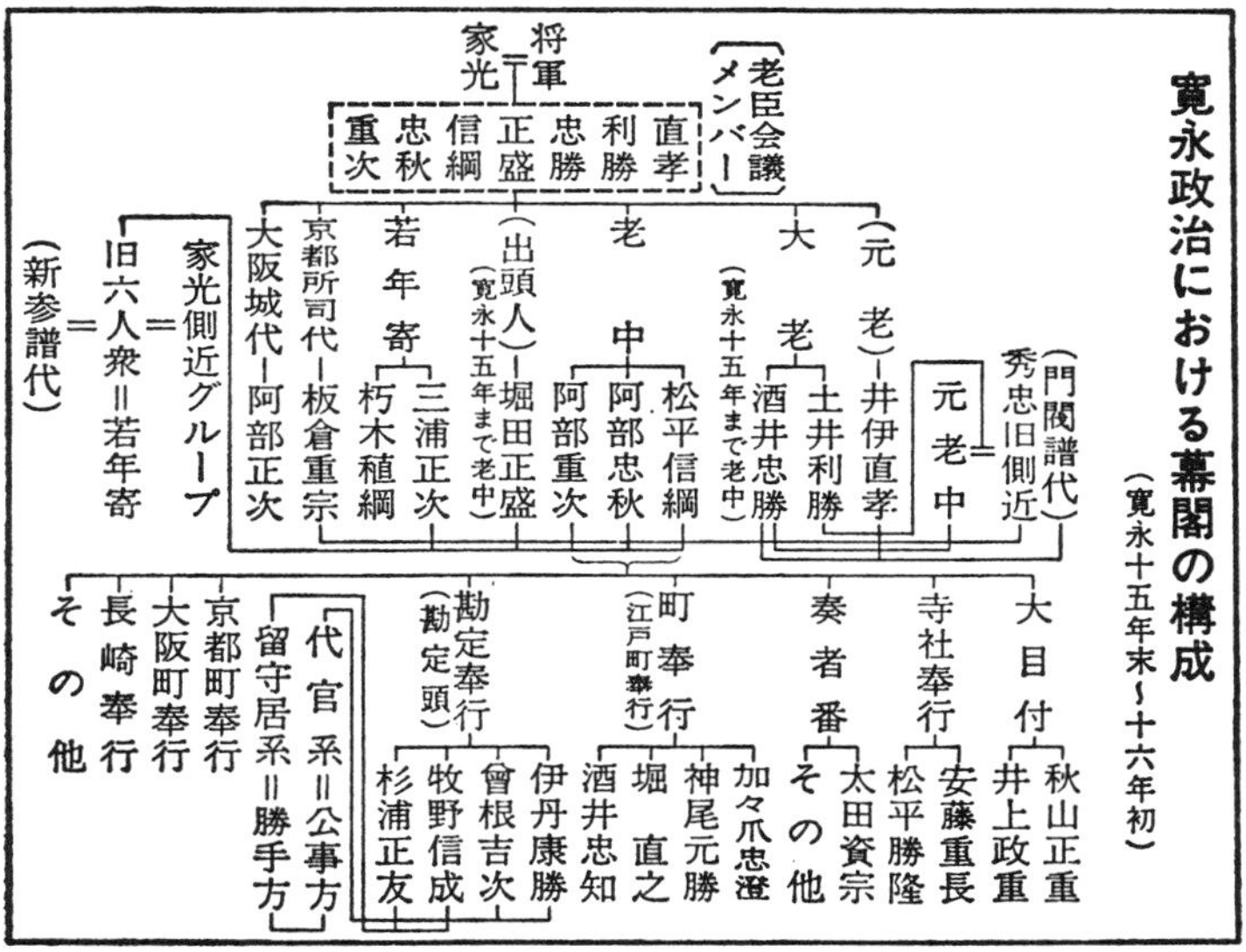

寛永政治における幕閣の構成（寛永十五年末～十六年初）

ここに、家光治下における幕政首脳の新しい陣容がととのい、幕閣の体制が文字通りできあがった。老中のうち、利勝（六十三歳）・忠勝（四十九歳）の両元老は別として、家光の例の幼なじみの側近グループでは、信綱が四十歳、忠秋が三十四歳、正盛が二十八歳であった。若年寄では、正次が三十七歳、資宗が三十六歳、重次が三十八歳、利隆と忠朝はともに十七歳、稙綱は三十一歳であった。そして、その上に三十二歳の青年将軍家光が君臨した。正に〝青年閣僚〟というべく、いまや時代は、慶長・元和（一五九六～一六二三）生まれの、これら若い〝青年閣僚〟にひき継がれたのである。秀忠の遺言をまつまでもなく、かれらは若さと英知にものをいわせて、家康・秀忠とそのブレーンによって基礎づくりされた幕藩体制の仕上げに、果断な政策を断行していくのである。

幕閣の新首脳ができあがると、翌十一月には、老中・若年寄を含めた各役職の細かい職務分掌が定められ、早速活動を開始した。その第一条に「一国持大名御用並訴訟之事」として、老中「五人して一月番ニ致」すことが規定された。ここに、老中のいわゆる月番交代制がはじまったのである。そして、翌十二月には、老中酒井忠勝・土井利勝両名の名で、幕府の最高裁判所ともいうべき評定所《ひょうじょうしょ》の条例が公布され、このとき伝奏屋敷がその場所に定まった。

老中、幕政の中心に

幕閣の新首脳と機構ができあがり、活動を開始して三年後の寛永十五（一六三八）年には、初の人事異動がおこなわれた。まず、三月には、堀田正盛が老中の職をとかれたが、ついで、十一月には、土井利勝・酒井忠勝の両元老も、同じく老中の職をとかれ、朔望《さくぼう》（一日と十五日）にだけ登城し、「大事」なことだけ協議にあずかることになった。これが大老の起源である（しかし、当時は、大年寄などの名称を用いていた）。正盛の場合は、出頭人の立場で、重要な協議にあずかった。

利勝・忠勝の「大老」就任により、若年寄の阿部重次が老中に昇格したが、この前後に、若年寄にも異動がおこなわれ、太田資宗・土井利隆・酒井忠朝の三名が、相ついで奏者番に転出した。ここで、かつての六人衆の構成はくずれ、三浦正次と朽木稙綱の両名だけがのこることになり、翌十二月、ともに小姓組番頭の兼任をとかれ、旗本支配に専念することになった。なお、正次は、三年後の寛永十八（一六四一）年に、四十八歳で亡くなり、その後、若年寄は稙綱だけとなった。

以上のように、大老・老中・若年寄など、江戸幕府の中枢部をなす幕閣の組織は、家光治下の寛永十年代に急速にととのえられたが、幕閣の新首脳のうち、土井利勝・酒井忠勝の両元老は、大老に押し上げられ、松平信綱・阿部忠秋以下の家光側近の〝青年閣僚〟は、老中・若年寄に結集することになった。しかも、大老は常置の職ではなく、また若年寄も制度としては未熟なものがあり、朽木稙綱が慶安二（一六四九）年若年寄を辞してからは、同職が再置（寛文二＝一六六二年）されるまで、旗本支配は老中の所管に移された。そのため、老中の権限と機能は、きわめて強力かつ広汎となり、ここに、幕政は老中政治を中心に運営されることになった。

幕閣、江戸周辺へ集中

重要なことは、幕閣の新首脳が江戸周辺の譜代藩領に集中的に配置されたことで、この傾向は、とくに老中に顕著にみられた。たとえば、松平信綱は、寛永十（一六三三）年に武蔵忍《おし》（三万石）に配置され、同十六年には、忍から武蔵川越（六万石）に転封・配置された。阿部忠秋は、同十二（一六三五）年に下野壬生《みぶ》（二万五千石）に配置され、同十六年には、壬生から忍（五万石）に転封・配置された。堀田正盛は、同十二年に川越（三万五千石）に配置され、同十五年には、老中辞任と同時に、川越から信濃松本（一〇万石）に転封・配置されたが、同十九年には、ふたたび関東に戻り、下総佐倉（一一万石）に転封・配置された。

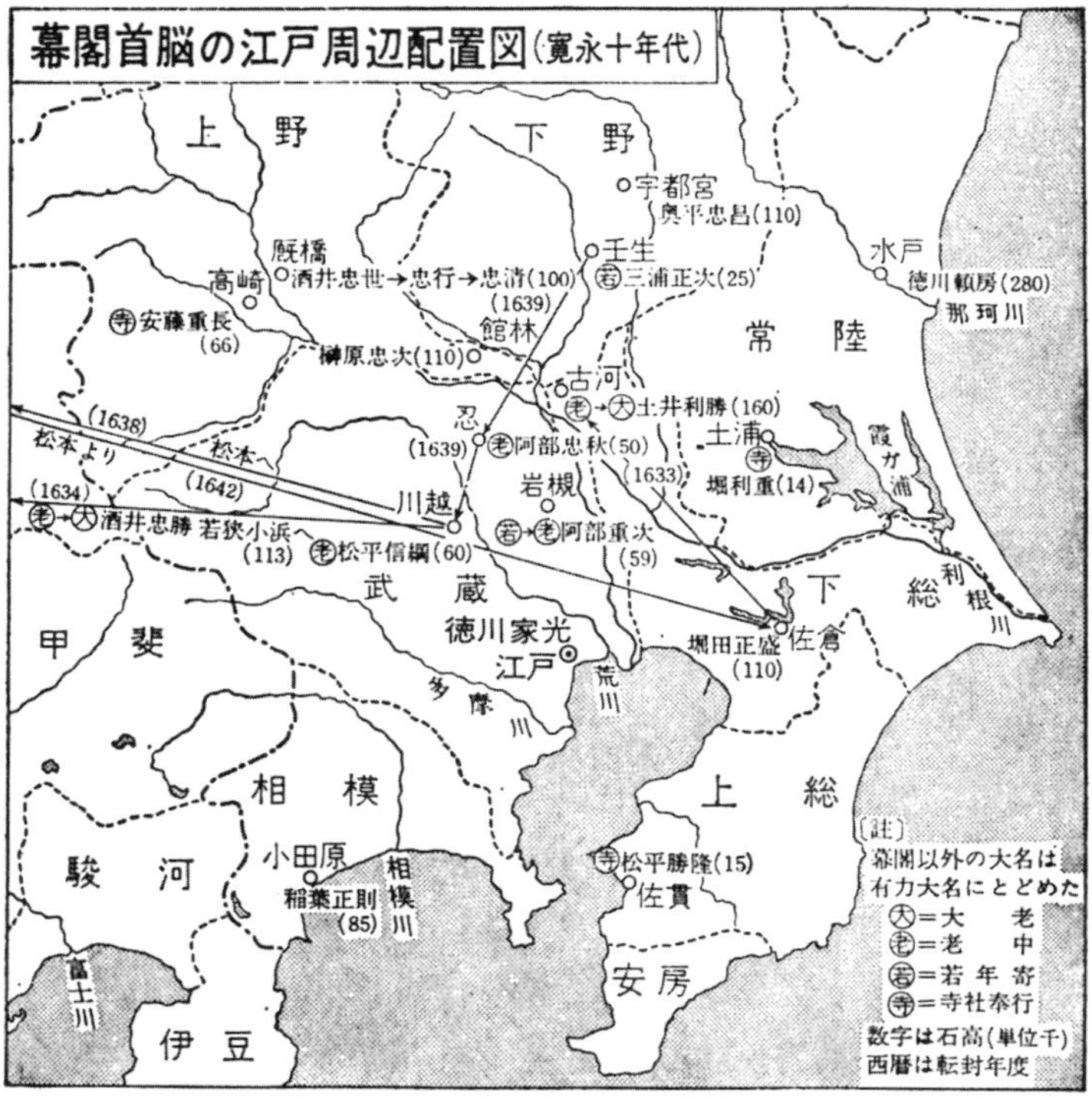

若年寄でも、阿部重次は、寛永十五（一六三八）年に武蔵岩槻（五万九千石）に配置され（こののち老中となる）、三浦正次は、同十六年に下野壬生（二万五千石）に配置された。太田資宗と朽木稙綱は、若年寄就任中は、無城主の譜代大名であった。

　以上に対して、のち大老となった土井利勝は、寛永十（一六三三）年に、下総佐倉から同古河（一六万石）に転封・配置され、関東内にとどまったが、酒井忠勝は、同十一年に、武蔵川越から若狭小浜（一一万三五〇〇石）に転封・配置された。

このように、幕閣の新首脳（とくに老中）が江戸周辺の譜代藩領に集中的に配置されたことで、かれらの江戸定府《じょうふ》はつよめられ、この面からも、老中政治はいっそう強力なものとなった。老中政治の展開は、大御所側近の多彩な政治ブレーンによって運営された初期幕政の終結を意味し、役方の番方に対する優位の確立を示すものであった。

江戸城の完成

幕閣の確立、新首脳による老中政治の展開を象徴するかのように、寛永六（一六二九）年から同十三年にかけての大工事によって、江戸城は内郭・外郭ともに完成した。この最終工事に動員された大名の役高は、寛永十三年の分だけで六六四万五千石におよんだという。文字通り〝生まれながらの将軍〟権力を発動して完成したものであり、老中政治が幕政の中心となるのにふさわしい大工事であった。

そして、江戸城内郭の本丸には、将軍の私邸である大奥《おおおく》のほかに、表《おもて》がつくられ、そこで、幕閣を構成する大老・老中・若年寄以下の諸役人が、日常の政務をとった。また外郭の西丸下は、老中・若年寄などの官邸街に、神田橋門内から道三堀《どうさんぼり》のあたり竜ノ口にかけては、大老・老中などの屋敷や伝奏屋敷のような官庁街に、丸ノ内・霞ヶ関・永田町一帯は、大名の藩邸街になっていった。

つぎのような逸話がある。ある夜おそく、春日局が平河門から城内に入ろうとすると、御番頭の初鹿野伝右衛門は、堅く門を閉ざして開けようとしなかった。いらだった局が、「春日だ」と叱りつけると、伝右衛門は、「春日でござろうと、天照大神でござろうと、断わりなく通すわけにはまいりませぬ」といって、本丸目付の許可がおりるまで、二時《ふたとき》あまり、局を門外に待たせたという。これなど、諸制度の創設の時期にふさわしく、きりっとした綱紀と、幕閣新首脳の威令が城内の隅々にまでゆきわたっていたことを思わせるものがある。

重んぜられる譜代

土井利勝は、大老就任後、わずか二ヵ月足らずで中風で倒れ（寛永十六年正月）、その後は、幕府から派遣された近臣を通じて、幕政に参与するという形をとった。その後一時回復にむかったが、寛永二十一（一六四四）年には中風が再発し、この年の七月、ついに三代にわたって活躍した利勝も、七十二年の生涯を閉じた。利勝の死が寛永の終りを告げるかのように、この年の十二月、寛永の名は消えて正保をむかえた。

利勝の死によって、大老は酒井忠勝だけとなったが、利勝の晩年から元老としてむかえられたのは井伊《いい》直孝《なおたか》（近江彦根）である。直孝は、徳川四天王の一人直政の次男で、十四歳のとき秀忠に仕え、書院番頭・大番頭を経て譜代大名に取立てられたが、元和元（一六一五）年、家康の命によって、病気勝ちの兄直勝に代わって、彦根一五万石の藩主となった。大阪の役では、直政の子にふさわしく、抜群の大功をたてて五万石加増され、さらに元和五年にも五万石加増されて二五万石となり、譜代棟梁としての地位を確保した。性質剛直にして決断力にとみ、いかにも生い立ちにふさわしい人物であった。

家光は、さらに寛永十（一六三三）年五万石加増して、元老としてむかえ、意見があれば、いつでも将軍に接する機会をあたえた。新参譜代の〝青年閣僚〟によって構成された幕閣の首脳部に、門閥譜代の武功派ともいうべき直孝をくわえたことは、一見不思議に思えるが、新制好みの家光にも、譜代尊重の精神は脈打っていた。直孝は、三河いらいの譜代の代表ともいうべき棟梁の地位にある。堀田正盛が、譜代の供連を乗り打ちしたとき、家光は立腹して、

「かれらの父祖は、みな身命をなげうって忠節をつくしたものの子孫である。お前は、大した閥閲もなく、ときならずも寵任を蒙っているので、かれらは日頃から心よく思っていない。しかるに、乗り打ちするとは何事か。」

ときつく叱りつけたことがある。いまをときめく幕閣首脳の新参譜代に対して、門閥譜代の羨望・嫉妬・憎悪は底を流れていた。

直孝に対する殊遇には、こうした背景があった。つ

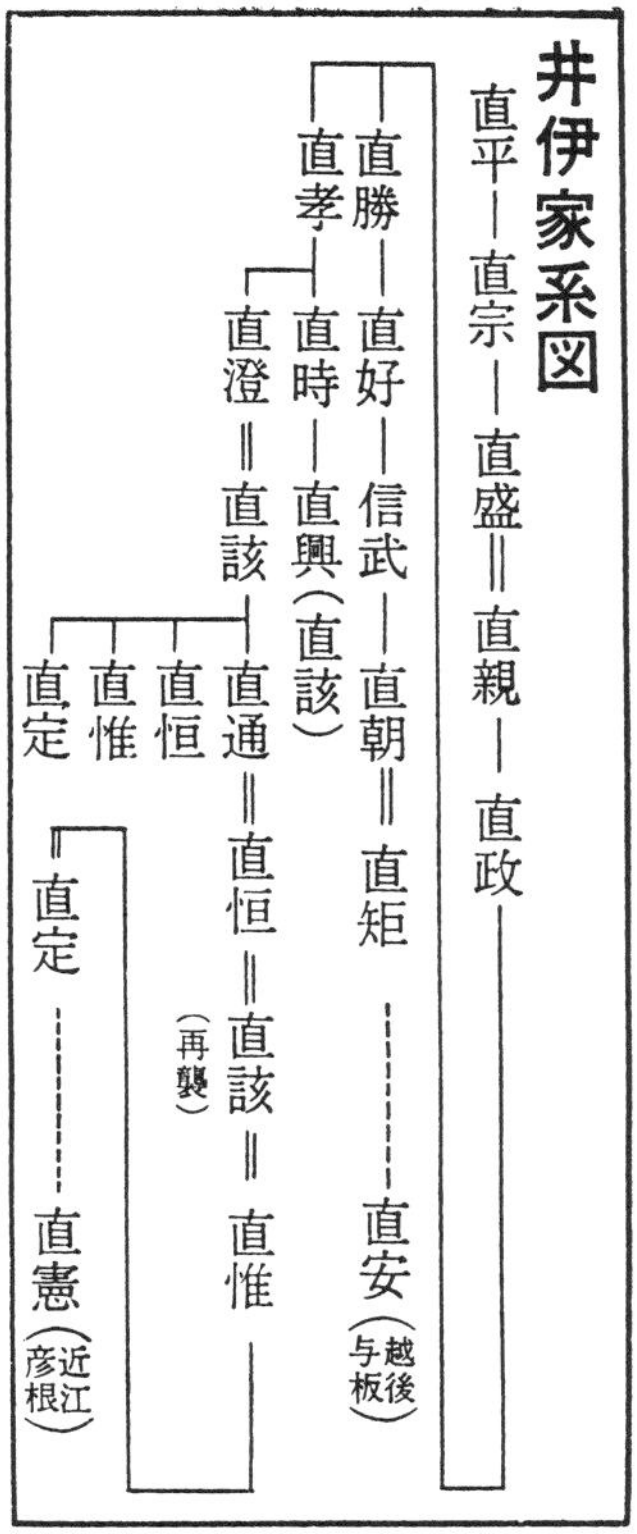

まり、家光の方針は、新参譜代の側近グループを幕閣の首脳におき、老中政治を幕政の中心にすえながらも、他方、譜代尊重の精神をつらぬき、その代表を元老としてむかえることによって、譜代勢力の意見を取入れるとともに、若さと英知をほこる〝青年閣僚〟の意見を是正し調整するところにあったものと思われる。事実、酒井忠勝の言によると、老中の意見が区々としてまとまらず対立したとき、直孝の意見によって決定した重大事件が三件あったという。

「老臣会議」

家光は、「老臣会議」というものを開催しているが、寛永の末期から正保にかけて、会議の回数はだんだん多くなってきている。つぎに「老臣会議」の出席者をみると、

寛永二十（一六四三）年四月二十七日
　井伊直孝・土井利勝・酒井忠勝・堀田正盛・松平信綱・阿部忠秋・阿部重次
寛永二十一（一六四四）年九月二十一日
　井伊直孝・酒井忠勝・堀田正盛・松平信綱・阿部忠秋
正保三（一六四六）年七月七日
　井伊直孝・酒井忠勝・松平信綱・阿部忠秋
同年七月二十九日
　酒井忠勝・松平信綱・阿部忠秋・阿部重次・林春斎（春勝　羅山の子）

ということになっている。

この「老臣会議」は茶室で開催される場合が多かった。この茶室において、幕府の最高方針が決定したのである。大老の酒井忠勝と老中の松平信綱・阿部忠秋は、だいたいにおいていつも出席している。出席者の順位は、幕府の『日記』の記載順位にしたがったものであるが、それによって、譜代棟梁としての直孝の地位の高さを知ることができる。日常の政務は老中政治を中心に運営されながら、重大問題は、大老・老中に直孝がくわわって協議にあずかったのである。こうした「老臣会議」は、家光が死ぬ慶安年間（一六四八〜五一年）までつづけられた。

三奉行制と地方支配

寺社奉行と町奉行

幕閣の首脳部をなす大老・老中・若年寄などの幕政中枢機構の整備とならんで、三奉行以下の新しい陣容と機構がととのえられた。

まず、寛永九（一六三二）年十二月、旗本の水野守信《みずのもりのぶ》・柳生宗矩《やぎゅうむねのり》・秋山正重《あきやままさしげ》・井上政重《いのうえまさしげ》の四名が惣《そう》目付《めつけ》に任命された。これが大目付の起源である。目付が旗本目付とよばれたのに対して、大目付は大名目付とよばれて、その職は重く、老中所管の諸役人の非違を検断し、法令の伝達、殿中における大名の座席などをつかさどった。

ついで、寛永十二年十一月、譜代大名の安藤重長《あんどうしげなが》・松平勝隆《まつだいらかつたか》・堀利重《ほりとししげ》の三名が寺社奉行に任命され、その職掌が定められた。このときの定めでは、寺社方の御用と遠国《おんごく》（関八州以外）の訴訟を裁決するのがその職掌であった。これまで、寺社行政は、崇伝《すうでん》と京都所司代の板倉氏が担当してきたが、寛永十年の崇伝の死をきっかけに、寺社行政は、僧侶の手から武家へ、旧大御所側近から幕閣へ移ることになり、ここに寺社奉行が出現した。このように、旧大御所側近が各分野に分かれて担当した職掌は、一つ一つ幕閣に吸収され、専任の奉行と職制がもうけられていくのである。

江戸の町奉行は、すでに早く、家康の関東入国のときもうけられ、板倉勝重がこれに任じられたが、覇権確立後は、一時関東総奉行の青山忠成と内藤清成がこれをかねた。その後、慶長九（一六〇四）年に、土屋重成と米津田政《よねきずたまさ》の両名が任じられたが、同十八年からは島田利正が一人であたった。さらに寛永八（一六三一）年には、新しく加々爪忠澄《かがづめただずみ》と堀直之《ほりなおゆき》の両名が任じられ、これから二名の旗本役に定まり、南北両奉行所に分かれることになった。寛永十二年十一月の職掌定めでは、江戸町方の御用と訴訟を裁決するのがその職掌であった。

勘定奉行の成立

幕府の財政・会計の仕事は、慶長十四（一六〇九）年から家康側近の近習出頭人松平正綱が担当し、これが勘定奉行の源流をなした。その後、伊丹康勝《いたみやすかつ》・伊奈忠治《いなただはる》・大河内久綱・曾根吉次《そねよしつぐ》の四名がくわわったが、寛永十二（一六三五）年十一月の職掌定めで、関八州の代官および農民の御用と訴訟を裁決するのがその職掌となった。ほかに同年の職掌定めで、金銀の納方については、酒井忠世・松平《まつだいら》重則《しげのり》・牧野《まきの》信成《のぶしげ》・酒井《さかい》忠吉《ただよし》・杉浦《すぎうら》正友《まさとも》の五名が担当することになった。

このように、勘定奉行は公事方《くじかた》（民政・訴訟）と勝手方《かってがた》（財政）に分かれていたが、前者が代官系統の人々であったのに対し、後者は留守居系統の人々であった。酒井忠世は、例の江戸城西丸の火災事件で家光の勘気をうけたその人で、老中失脚後は、この地位におちたのである。

ついで、寛永十六（一六三九）年には、両系統から、伊丹康勝・曾根吉次と牧野信成・杉浦正友の二名ずつが選ばれて、賄方を検査するよう命じられた。こうして、勘定奉行の形ができあがったが、同十九年には、康勝・吉次・正友に酒井忠吉がくわわって、幕府の財政・会計を管掌することになった。ここに勘定奉行が制度として成立したが、当時は、なお勘定頭とよんでいた。このうち、康勝と信成は譜代大名であるが、そのほかはいずれも旗本である。

以上のように、寺社・江戸町・勘定の幕府三奉行の制度も、家光治下の寛永十年代に急速にととのえられ、幕府の官僚組織がいっそう整備された。しかも、三奉行が担当する職掌は、ここで旧大御所側近から幕閣に吸収されることになり、三奉行を管理する老中の権限と機能は、この面からも、いっそう強力かつ広汎となった。老中政治が幕政の中心となったゆえんである。

幕府三奉行制度の整備とならんで、京都町奉行・大阪町奉行など、直轄都市の奉行制度もこの期に整備された。また、遠国《おんごく》奉行のうち、たとえば長崎奉行のように、家康側近の豪商グループから任命されたところは、この期に旗本に切り替えられた。このことは、直轄都市の行政が、この期に最終的に、豪商の手から旗本へ、旧大御所側近から幕閣の支配へ移ったことを示すとともに、幕府の外国貿易に対する統制がいっそう強化されたことを意味している。こうして、幕府は、鎖国へむかって一歩一歩前進していくのである。

地方支配機構の整備

幕府三奉行および遠国奉行制度の整備とならんで、直轄領農村に対する地方《じかた》支配機構もととのえられた。そしてそれは、家光の外様大名を中心とする改易の強行策によって、徳川一門・譜代大名の配置とともに、直轄領の配置も全国におよんでいったこと、とくに関東から東海・畿内とその周辺にかけての中央地帯には、それが集中的に配置され、幕府の統一所領として、しだいに一円化していったことと密接に関係していた。

幕府の直轄領農村に対する支配は、まず、家康側近の代官頭のグループがあたり、新しい村づくり政策をおしすすめていったが、かれらの多くは慶長年中に失脚し、それらの支配領域を吸収した伊奈《いな》忠政《ただまさ》（忠次長男）も、元和四（一六一八）年に亡くなり、忠政の長男忠勝《ただかつ》も、五ヵ月後には、わずか九歳で、父のあとを追うようにして亡くなった。ここで伊奈氏も世嗣断絶によって改易、五歳の弟忠《ただ》隆《たか》が名跡相続をゆるされて一一八〇石の旗本となったが、ここに、代官頭のグループは消滅したのである。

代官頭に代わってその職掌を担当したのが、新しく成立した勘定奉行である。寛永十年代における勘定奉行の機構の整備は、それを大きな狙いとしていた。幕府の直轄領に対する農村行政も、代官頭から財政官僚へ、旧大御所側近から幕閣へ移ったのである。それは、各地の在地代官に対する勘定奉行の指揮系統が統一化され、かれらに対する統制が強化されたことを意味していた。

代官支配の強化

初期の在地代官には色々のタイプがあったが、もっとも多かったのは、中世末の土豪層に系譜をひく給人代官であった。かれらは、初期の旗本と同じように、陣屋《じんや》をかまえて村むらの支配にあたり、年貢米の一部を地払いしたり、「代官手作」といって直接農業経営に従事していた。在地代官のこうした行為が、かれらの農民に対する支配をつよめるばかりか、幕府の年貢米の収納率を低める作用をしていたことはいうまでもない。

幕府は、勘定奉行の機構を整備した翌々寛永二十一（一六四四）年、上方・関東の代官衆に対して、一八ヵ条からなる「勤方条目」を発布し、年貢米の地払いや手作を禁止して、代官支配の強化にあたった。この法令で重要なことは、上方・関東を問わず、幕府の直轄領農村に対して統一した法令を発布したこと、年貢・夫役の徴収を主目的とする代官支配の原則をつよめ、勧農策の第一として水利事業をあげ、これを積極的に推進させたことにあった。

こうして、上方・関東両地域の代官は、幕府の統一法令・方針にもとづいて、それぞれの地域における直轄領農村の支配にあたることになった。さらに幕府は二ヵ月後、代官所単位に、年貢・夫役の賦課台帳となる人別帳をつくらせ、それを勘定奉行の伊丹康勝・曾根吉次に提出させた。ここに、代官は完全に勘定奉行の支配下におかれ、統制をつよめられた。また、人別帳の提出は、代官の不正行為に対する摘発条件を勘定奉行にあたえる結果となった。

このように、奉行―代官の支配系列の整備を通じて、直轄領農村に対する地方支配機構がととのえられたが、これと並行して、各村むらの支配組織（庄屋・名主《なぬし》―五人組）もととのえられていった。こうして、奉行から五人組にいたる一貫した支配系列が成立し、その頂点に老中が位置したのである。ただし、関東の場合は、多少事情を異にし、郡代《ぐんだい》（関東郡代）が代官の支配にあたり、伊奈忠治《いなただはる》がこれに任じられた。

関東郡代、伊奈忠治

忠治は忠次の次男で、忠政―忠勝に代わって、代官系統の勘定衆として擡頭し、寛永十二（一六三五）年には、先にみたように松平正綱・伊丹康勝・大河内久綱・曾根吉次らとともに、関東の代官および農民の御用と訴訟を裁決することになった。ところが、勘定奉行が制度として成立する同十九年には、これまでの役をゆるされて、関東諸代官の支配と諸河川の改修・築堤に専念することになった。これは関東郡代の事実上の成立を示すものであり、こうして、関東における代官頭（忠次―忠政）の職掌は、新しい組織のなかで忠治がつぐことになり、ここに郡代―代官の支配系列が整備されたのである。

郡代は、関東のほかに、初期には東海や上方の一部にももうけられたが、関東郡代はその成立の事情によってもわかるように、ほかの地域の郡代にくらべて、その地位は高く、直接老中の支配に属した。これは、幕府がとくに関東農村を重視したためである。

「慶安の御触書」

以上のような老中―奉行（勘定奉行）―代官という地方支配機構の整備とともに、幕府の農民法令も、この期に急速にととのえられた。

まず、寛永十九（一六四二）年には、五月より九月までに五通の郷村諸法度を発布し、農業経営のほかに、衣類の制限、煙草づくり・酒づくり・豆腐づくりの禁止など、農民の生活について細かい規定をくわえた。ついで、翌二十年三月には、これらの法令片を統一し、勘定奉行の曾根吉次・杉浦正友・伊丹康勝・酒井忠吉の四名の連署で「土民仕置覚」一七ヵ条を制定した。

同法令で重要なことは、いわゆる田畑永代売買禁止の条項をもうけたことで、この点については、べつに「代官勤方条目」として「覚」七ヵ条、および「田畑永代売御仕置」四ヵ条を発布して、耕地売買や頼納《たのみおさめ》の禁止条項をもうけ、小農民の保護を通じて、年貢や諸役を負担する百姓経営数の維持・増大をはかった。そして、同じ年の八月には「郷村御触」二二ヵ条を発布して、作付制限を木綿づくり・菜種づくりの禁止にまでひろめ、農民の移転の自由を制限した。

このように、幕府の農民法令が寛永十九（一六四二）年以降、急速に整備された理由は、直接には、同年の二月から五月にいたる大飢饉によるもので、それに対する政治的対処を示したものであるが、根本において、幕府の農民政策が飢饉を一つのきっかけとして、この期にその本質をあらわしたのであり、先にみた勘定奉行の整備や代官支配の強化策も、その一環としておこなわれたものであった。こうして、幕府は、衣食住・作付・土地処分・移転などの、個々の法令片の発布と整備を通じて、農民に対する統制を強化していったのである。

そして慶安二（一六四九）年には、「公儀御法度を恐れ、地頭・代官の事をおろそかに存ぜず、さてまた名主《なぬし》・組頭をば真の親とおもうべき事」にはじまる「慶安の御触書《おふれがき》」全三二条が制定されるにいたって、農民に対する統制は、いっそう広汎になりかつ強化された。同法令は、これまで個々に発布された農民法令の集大成であるとともに、幕初いらいの幕府の農民政策の帰結を示すものであった。また「慶安の御触書」と同時に「慶安検地条令」を施行したが、幕府の検地方針は、ここではっきりした方針が打ち出された。こうして、徳川検地も、この期にいたって、統一した方針のもとに直轄領農村に対して実施されることになり、ここに幕府権力は、小農民＝小農経営と、本来的な階級対立関係を体制的に確定しはじめることになる。

鎖国へ動く群像

糸割符法の実施

〝青年閣僚〟によって構成された幕閣新首脳の実施した政策のなかで、特記すべき問題は、鎖国体制を完成したことである。鎖国こそは、諸大名を世界市場からひき離し、幕閣新首脳がめざす幕藩体制の仕上げに大きな役割を果たした。

これより先、早くから外国貿易の利に着目した家康は、有力都市の豪商を側近グループにくわえて、経済・貿易政策のブレーンとし、あるいは直轄都市の奉行・代官に任じて外国貿易を掌握し、その利益を独占しようとこころみた。

当時、日本貿易を独占していたのは、いち早く日本に渡来したポルトガルであった。天文十二（一五四三）年、ポルトガル船が種子島《たねがしま》に漂着してから、ポルトガルはヨーロッパの諸国にさきがけて日本貿易をおこない、白糸《しらいと》とよばれる中国産の生糸を日本に輸出し、日本から銀を輸入するといういわゆる仲介貿易によって、日本貿易の独占的地位をきずきあげ、これよりおくれて日本貿易を開始したイスパニアを、はるかにひき離していた。

しかも、そのやりかたはじつに巧妙で、日本の生糸が払底したときをねらって運び込み、日本商人の渇望につけこんで、一方的に値段をきめて売りつけ、莫大な利益をあげていた。これに対して、日本商人のあいだに、輸入生糸に対する価格を制限し、日本側できめた値段で安く買い入れようとする動きがおこってきたのは当然である。

慶長九（一六〇四）年、ポルトガル船がつんできた生糸を、日本商人が資金がなくて購入できないことをきいた家康は、直轄都市である堺・京都・長崎の有力町人に命じて仲間（糸割符仲間《いとわっぷなかま》）をつくらせ、その代表を年寄にえらんで、輸入生糸の価格をきめて一括購入させることにした。これが糸割符法とよばれる貿易方法である。そして、家康側近の長崎奉行である長谷川左兵衛に、これを管理させた。ここに、幕府の外国貿易に対する統制の第一歩がふみ出されたのである。

各国の貿易競争

糸割符法の実施によって、ポルトガルの日本貿易は大きな打撃をうけたが、慶長十四（一六〇九）年の前述した〝マードレ－デ－デウス号事件〟によって、彼我の貿易は一時中断することになった。これに代わって、日本貿易を開始したのがオランダとイギリスの両国であり、オランダは慶長十四年、イギリスは同十八年から日本貿易を開始し、それぞれ平戸に商館をひらいて、さかんに日本貿易をおこなった。この間、イスパニアの日本貿易も伸長にむかい、他方、中国船の密航も増大しつつあった。

慶長十七年、ポルトガルの日本貿易は再開されたものの、かつての貿易独占の地位はくずれ、オランダ・イギリス・イスパニアとのはげしい競争に遭遇することになった。家康側近の外交顧問であるウイリアム＝アダムス・ヤン＝ヨーステンが、ポルトガル・イスパニア両国の日本に対する領土的野心を吹き込んだのは、このころである。

禁教令と貿易統制

外国貿易の利に着目して、キリスト教の布教を黙認した家康も、慶長十七（一六一二）年の〝岡本大八事件〟をきっかけに、ついに態度を一転し、禁教令を発した。これは、布教を目的とするポルトガル・イスパニア両国の日本貿易には不利な条件をあたえ、これとは逆に、布教をともなわないオランダ・イギリス両国の日本貿易には有利に作用した。

ところが、家康が亡くなり、秀忠が名実ともに政治の実権をにぎる元和二（一六一六）年八月になると、禁教令を強化する一方、オランダ・イギリス両国に対しても統制をくわえ、貿易港を長崎・平戸の二港に限定した。この法令には、当時の老職である酒井忠世・本多正純・酒井忠利・土井利勝・安藤重信が連署している。家康の死をきっかけに、外国貿易に対する権限は、旧大御所側近から幕閣へ移るとともに、いっそう統制が強化されたのである。

いまや、禁教令と貿易統制は、ヨーロッパの各国にまで拡大されたが、こうした情勢のなかで、各国の日本貿易をめぐる競争はますますはげしくなり、まずイギリスは、元和九（一六二三）年、オランダとの競争にやぶれ、経営不振から平戸の商館を閉じて、日本近海からたち去った。ついでイスパニアも、翌寛永元（一六二四）年、キリスト教の問題で国交が断絶し、日本貿易から手をひくことになった。こうして、ヨーロッパの各国のなかでは、オランダとポルトガルの両国だけがのこることになり、両国の競争はいよいよはげしくなった。

朱印船貿易・奉書船貿易

諸外国に対する貿易統制とともに、日本人がおこなう外国貿易に対しても統制がくわえられた。家康は、最初親善外交の方針をたてて、日本人による朱印船貿易（幕府より朱印状を交付して、許可をあたえる貿易）を奨励したので、西国大名をはじめ、家康側近の豪商や都市の有力商人にいたるまで、さかんに朱印船貿易をおこなった。ところが、慶長十四（一六〇九）年には、西国大名の大船保有を禁じて、かれらがおこなう朱印船貿易に制限をくわえた。この禁令によって、西国大名の朱印船貿易は困難となったが、前述した元和二（一六一六）年の政策によって、平戸藩以外には、外国船を領内に誘致することも困難となった。

こうして、朱印船貿易は、特定の有力商人にかぎられることになったが、寛永八（一六三一）年には、奉書船貿易（朱印状のほかに、「老中」奉書を差しそえて許可をあたえる貿易）に切りかえられ、外国貿易に対する幕閣の権限がつよめられるとともに、朱印船貿易家も、幕府と特殊な関係をもつ少数の有力商人にかぎられることになった。たとえば、茶屋四郎次郎（四代目道澄　幕府の呉服師・側近御用商）、角倉与一（了以の子　近江代官・淀川過書船支配）、末吉孫左衛門（三代目長方　摂津の平野代官・銀座座頭）、平野藤次郎（末吉家一族　平野代官・銀座座人）、末次平蔵（二代目茂貞　長崎代官）など。

鎖国政策の強化

奉書船貿易の実施とともに、糸割符法にも改正がくわえられた。これまで同法は、ポルトガル船の舶載する生糸にだけ適用されてきたが、寛永八（一六三一）年から中国船の生糸にも適用されることになった。そして、堺・京都・長崎の三ヵ所糸割符制にくわえて、新たに江戸・大阪を入れ五ヵ所糸割符制とした。これとともに、西国大名に対する分国糸《ぶんこくいと》の配分がきめられ、筑前博多（福岡藩）＝一二丸半、筑後（久留米・柳川藩）＝五丸、肥前（佐賀藩）＝五丸、対馬（厳原《いずはら》藩）＝二丸半、豊前小倉（小倉藩）＝一丸半という割合で配分された。

こうして、幕府は、新興都市江戸・大阪の有力商人を糸割符仲間にくみ込みながら、かれらを通じておこなわれる幕府の貿易統制下に、西国大名を従属させたのである。

翌寛永九年、秀忠が亡くなり、家光の寛永政治が開始されるや、幕府の鎖国政策は、いよいよ本格化していく。すなわち、明けて翌十年になると、老中土井利勝・酒井忠勝・永井尚政・内藤忠重の四名の連署で、第一次鎖国令が発布された。同令では、奉書船以外の日本船の海外渡航を禁止するとともに、海外在留日本人の帰国を禁止したが、五年以内のものは事情によって帰国を許可した。

ついで、同十二年には、老中土井利勝・酒井忠勝・松平信綱・阿部忠秋・堀田正盛ら幕閣の新首脳によって、第三次鎖国令が発布された。同令では、日本船の海外渡航を一切禁止するとともに、海外在留日本人の帰国も無条件に禁止してしまった。この第三次鎖国令によって、いちおう鎖国体制がととのったが、この年、中国船に対して長崎集中令を発するとともに、翌十三（一六三六）年には、ポルトガル人を長崎の出島に強制移住させ、その出入りをきびしくとりしまった。

鎖国政策の強化とともに、禁教令もいっそう強化された。寛永六（一六二九）年から、踏絵《ふみえ》の制をもうけて信者の摘発につとめたが、第一次〜第三次鎖国令では、信者の密告に対する懸賞金の制度を法文化し、銀子一〇〇枚と規定した。さらに、同十三年には、前記五名の老中連署で、第四次鎖国令を発し、ポルトガル人の子孫および混血児の追放と文通の禁止を令して、二八七人をマカオに追放するとともに、懸賞金の額を増加して、銀子三〇〇枚または二〇〇枚とした。このように、鎖国令には、禁教令の強化ということが、発布の有力な理由の一つになっていた。

「島原の乱」おこる

翌寛永十四（一六三七）年十月、キリスト教の中心地であった島原・天草地方に一揆（島原の乱）がおこり、幕府を少なからず狼狽させた。この一揆は、本質的には島原藩主松倉勝家《まつくらかついえ》の苛政に対する農民一揆という性格をもっていたが、そこには多数のキリシタンの参加があり、宗教一揆の色彩をおびてきた。

一揆の報に接した幕府は、参勤中の勝家に帰国を命ずるとともに、板倉重昌《いたくらしげまさ》（家康の旧近習出頭人三河深溝《ふこうず》一万五千石）を上使とし、目付石谷貞清をつけて、九州へ急行させた。小倉についた重昌は、一揆がさかんであることを聞き、細川・鍋島・有馬・立花氏らの諸大名に、出兵を命じて、みずから島原にむかった。

ところが、一揆側は、有馬氏の故城である原《はら》城に立て籠り、殉教の精神によってかたく結束し、必死の覚悟で籠城したので、その勢いは侮ることができなかった。重昌は、諸大名の軍隊をしたがえて、再三攻撃をくわえたが、どうすることもできなかった。

幕府は、ことの重大なことを知って、第二の討伐軍を編成し、老中松平信綱と戸田氏鉄《とだうじかね》（美濃大垣一〇万石）を上使として現地に派遣した。信綱らの西下の報を受取った重昌は、井伊直孝や兄の重宗（京都所司代）らから、両使が到着するまえに、城を陥れなければ面目がたたないだろうという激励の手紙を受取った。いらだった重昌は、諸将をあつめてこれを告げ、翌十五（一六三八）年の正月元旦を期して総攻撃をくわえたが、結局失敗して戦死した。

信綱が氏鉄とともに、第二の討伐軍の上使に任命されたのは、いうまでもなく、幕閣新首脳の第一人者であり、とりわけ、その才智を高くかわれたためであった。重昌の戦死を聞いた幕府は、さらに細川・鍋島・有馬・立花・黒田・島津・水野氏らを有馬につかわし、軍議に参加させたのである。

〝知恵伊豆〟の知恵

正月四日、有馬に到着した信綱は、急に城を陥れることができないことを知り、持久の作戦をとって、城中の食糧が尽きるのをまった。この間にも、〝知恵伊豆〟信綱はしきりに知恵をしぼり、色々な手をうった。

まず、平戸からオランダ船のデ－リップ号を有馬にまわして、原城沖から砲弾を発射させた。細川《ほそかわ》忠利《ただとし》は、農民一揆に外国の援助をかりるのは国辱である、と諫めたが、信綱は平然として、城内には外国から来援があるという流言がひろがっているから、それが偽りであることを知らせるためである、と答え、ほどなくデ－リップ号を平戸に返した。

また、矢文の計略を用いた。信綱は、さきに肥後で捕えた天草四郎《あまくさしろう》の母・姉、姉婿の大矢野小左衛門らを召し寄せ、かれらの手紙を城中に持参させて、出降をうながした。松倉氏の南蛮《なんばん》絵師であった山田右衛門作らは、矢文をもって内応を約束したが、ことが暴露して失敗に終った。

さらに、信綱は、金山の金掘りを招いて、城内にむけて坑道を掘らせ、地雷で爆破しようとしたが、城内でもこれを知って、同じような穴を掘り、松葉をいぶしたり、糞尿を流しこんで妨害したので、このトンネル戦術も成功しなかった。

こうして、信綱は、城内が食糧に窮し、意気が屈したのに乗じて、二月二十八日に総攻撃を開始し、ようやく城を陥れたのである。

以上のような経過をみる限り、信綱の日頃の才智は、戦場ではあまり役にたたなかったようである。『鳩巣逸話《きゆうそういつわ》』に、信綱を評して、

「伊豆守殿の器量、快豁なるところ、あい知れ申し候。ただし、治世にて下を治め候儀は得物にて、軍には不得手と存じ候。兵は神速を第一と仕り候ものに、釣鐘のごと回り遠きに聞え申し候。日頃の

御仕置の手際とは格別ちがい申し候。入りては相、出でては将の才、これなしと存じ候。」としている。信綱の功績は、むしろ、その帰途にあった。島原から凱旋の途中、長崎を経て平戸にたち寄り、オランダ商館を視察したが、その倉庫が城郭に似ているのをみて、ひそかに戒心するところがあった。

鎖国体制の完成

果せるかな、信綱が江戸にもどると、鎖国体制を仕上げるための諸政策が果断に実施されていく。すなわち、翌寛永十六（一六三九）年二月には、これまで圏外にあったオランダ人や中国人に対しても、とりしまりを強化するとともに、オランダ・イギリス人とその混血児、およびこれを生んだ母親などの氏名を調査して、三〇余人をジャカルタに追放した。これが世にいう〝ジャガタラ追放〟である。かの〝ジャガタラお春〟もこのなかに含まれていた。

ついで七月には、信綱・阿部忠秋・阿部重次の三老中に、土井利勝・酒井忠勝の両大老、および井伊直孝・堀田正盛の両名がくわわって、第五次鎖国令を発布し、ポルトガル船の来航を全面的に禁止した。こうして、天文いらい約一世紀にわたってつづいたポルトガルの日本貿易も終止符が打たれ、ここに鎖国体制がいちおう完成した。

さらに、翌十七年には、オランダ商館の倉庫の破風に、西暦年号が彫ってあることを理由に、倉庫の破壊を命じ、十八年には、オランダ商館を平戸から長崎の出島に移して、その行動をきびしくとりしまった。ここに中国船につづいて、オランダ船の入港地も長崎一港かぎりとなり、完全に糸割符制下に従属することになった。鎖国体制は、文字通り完成したわけである。

鎖国体制の完成によって、幕府は、完全に外国貿易を統制・掌握し、諸大名に絶対優位する権力の基礎を安泰にすることができた。これとはうらはらに、諸大名は、個別貿易権を否定され、外国貿易による富裕化を阻止されることになった。そのおもむくところ、幕藩体制という社会のメカニズムのなかで、それぞれの藩制を確立するところとなり、これこそ、幕閣新首脳のめざす方向であった。また朱印船貿易家も、外国貿易参加の道を閉ざされて、大きな打撃をうけ、代官・呉服師あるいは金銀座の商人として、それぞれの道に専念することになった。それは、かれらが側近豪商として、幕政に参与する機会が完全に消滅したことを意味していた。いまや老中政治は、内政・外交のすべてにわたり、幕政の基本原理として展開されることになった。

武装した平和

大名、証人を提出

鎖国体制の完成とならんで、幕閣新首脳が実施した政策のなかで、特記すべき問題は、参勤交代を制度化したことである。

参勤交代のはじまりは、諸大名が徳川氏に対する臣従の証拠として、江戸城に人質を差し出したことにもとめられる。慶長元（一五九六）年、藤堂高虎《とうどうたかとら》が弟の正高を証人として江戸に送ったのが、そのもっとも早い例で、同四年には、堀秀治《ほりひではる》・浅野長政、翌五年には、細川忠興・前田利長らが、それぞれ子供や母を証人として江戸に送った。

徳川氏が覇権を確立すると、諸大名は競って証人を差し出し、徳川氏に対して二心なきことを表明しようとした。慶長六年から同十一年までに、毛利輝元・鍋島直茂・伊達政宗・島津忠恒・細川忠興・有馬豊氏らの有力外様大名が、それぞれ人質を江戸に送っている。

諸大名が証人を江戸に住まわせ、またみずからも徳川氏の機嫌奉伺のため、江戸に上り下りするようになると、江戸に屋敷を設けることが必要となり、こうして諸大名は、競って江戸に屋敷をもうけるようになった。これが大名屋敷であり、江戸藩邸ともいった。さらに証人のほかに、妻子を江戸に住まわせるようになると、諸大名の江戸屋敷の設定は、ますます多くなり、外桜田付近は、さながら大名の藩邸街になっていった。

このように、参勤交代のはじまりは、諸大名の自発的意志によっておこなわれたものであり、最初から幕府によって制度化されたものではなかった。元和元（一六一五）年に発布された最初の「武家諸法度」には、「諸大名参勤作法のこと」として、従者の数を定めたが、まだ制度として確立したわけではなかった。大名統制策を強力におしすすめた秀忠すらも、有力な外様大名が参勤するときは、鷹狩りに託して高輪御殿（東海道）・白山御殿（中山道）・小菅御殿（奥州街道）まで出迎えるありさまであった。

参勤交代の制度化

家光は〝生まれながらの将軍〟にふさわしく、こうした特別待遇を廃止するとともに、寛永十一（一六三四）年には、譜代大名の妻子をことごとく江戸に移した。ついで翌十二年には、老中土井利勝・酒井忠勝・松平信綱・阿部忠秋らの幕閣新首脳に、井伊直孝らがくわわって、「武家諸法度」の改訂を発議し、林羅山に起草させ、家光の承認をえて発布した。

この寛永法度は、崇伝《すうでん》の起草した元和法度が、やや抽象的な原則にとどまったのに対し、より具体的な細目をかかげ、新しい時勢に応ずる幕政の根本原則を確定したところに、その特色があった。重要なことは、第二条において、

「大名・小名、在江戸交替相定むる所なり、毎歳夏四月中、参勤いたすべし。」

として、参勤交代を制度化したことである。いまや参勤交代は、大名の自発的意志によってではなく、大名の幕府に対する役儀・奉公として義務づけられたのである。こうして、諸大名は、一年おきに江戸と国許で生活することになり、毎年四月ほととぎすの鳴くころになると、参勤交代がおこなわれるようになった。「大名を入れかえにするほととぎす」――というのは、このことを歌った川柳である。参勤交代の制度化によって、大名の妻子は江戸居住となり、また多数の家臣団が江戸で常住するよう

になった。

その後、寛永十九（一六四二）年には、制度の改正がおこなわれて譜代大名の交代期は六月となり、とくに関東の譜代大名は八月ないし二月交代となった。また関東大名にかぎり半年交代とし、対馬の宗《そう》氏は、三年に一度とした。さらに幕閣を構成する老中・若年寄・奉行などの役付大名は、江戸に常勤するのを原則とした。こうして、幕閣新首脳の江戸周辺への集中配置によって促進されたかれらの江戸定府《じょうふ》は、基本原則として確定されたのである。

参勤交代が制度化され、諸大名の江戸屋敷の設置が一般化すると、計画的な屋敷割りが必要となり、しだいに屋敷地の再配置がおこなわれるようになった。内郭・外郭にわたる江戸城完成のための最終工事は、参勤交代の制度化と見合ってすすめられた。前述した官邸街・官庁街・藩邸街の形成は、こうした屋敷割りの一環としておこなわれたのである。

軍役の発動

参勤交代の制度化とならんで重要なことは、幕府の軍役《ぐんやく》体系がこの期に整備されたことである。軍役とは、幕府に対する大名・旗本の、あるいは大名に対する家臣の兵馬や武器などの負担・供給の義務をいう。

徳川政権は、秀吉政権のように、諸大名に対する大規模な軍役動員による全国平定戦の敢行を通じて成立したわけではなかった。秀吉の死後獲得した〝天下殿〟の地位を利用し、巧みな大名操縦を通じて、東西両軍に分かれた一方のグループの長として、他のグループに対して〝天下分け目〟の決戦をいどみ、決定的勝利をえることによって成立した。したがって、将軍宣下ののちも、軍事的緊張をたもつ外様大名に対しては、前述したように、懐柔と統制の巧妙な政策を通じて、一歩一歩権力の基礎を強化していったのである。

家康が将軍宣下の直後から、江戸城をはじめとする諸城修築の手伝普請に、外様大名を大規模に動員したことは、幕府が普請課役を通じて、外様大名に対し軍役を発動しはじめたものとして重要な意義を有した。これらの普請課役は、軍役の一形態として発動されたからである。また家康は、秀忠の将軍宣下や後水尾天皇の即位の礼を利用して、ひろく諸大名に動員令をかけ、〝軍役デモ〟にかりたてた。

しかし、こうした普請課役や〝軍役デモ〟に動員するだけでは、外様大名を完全に幕府の軍役体系下に従属させることはできず、そこには一定の基準もなく、多分に恣意的な要素を含んでいた。軍役は、戦争においてその本質をあらわにし、戦争に諸大名を動員してはじめて統帥権の帰属がはっきりと示される。その意味で、大阪の役は、幕府の軍役体系を成立させるのにまたとないチャンスであった。

幕府は、大阪冬・夏の陣で、それぞれちがった内容をもつ軍役規定を定めながら、ひろく諸大名を戦争に動員した。動員された外様大名も、それぞれみずからの家中軍役を定めて出兵した。幕府は、戦争が終った翌元和二（一六一六）年六月、五〇〇石から一万石までを対象に、大阪夏の陣と同じ内容をもつ軍役規定をあらためて制定した。ときあたかも、家康が亡くなり、政治の実権が秀忠に移ったときで、将軍継嗣のライバルである松平忠輝を改易する寸前にあたり、幕府の内外において緊張状態がつづいていた。秀忠は、こうした情勢のなかで、前年の大阪の役で実現した諸大名に対する軍役動員にもとづいて、当面、旗本を主な対象に軍役規定を明文化したのである。

この元和軍役令が制定されると、外様大名も、これを基準に、それぞれ家中軍役令を制定した。いまや幕府の軍役体系は、外様大名を従属させたばかりでなく、かれらの家中軍役に一定の基準をあたえたのである。しかし、外様大名の家中軍役は、幕府に対する負担軍役を上回るのが常であった。

軍役規定の制定

ついで、幕府は、寛永十（一六三三）年二月、一千石から一〇万石までと、二〇〇石から九〇〇石までとを対象に、二回にわけて詳細な軍役規定を制定した。このときも、秀忠が亡くなり、政治の実権が家光に移ったときで、外様大名の雄加藤忠広と、将軍継嗣のライバルである徳川忠長を改易した翌年にあたり、同じような緊張状態にあった。家光は、こうした情勢のなかで、旗本ばかりでなく、一〇万石までの大名を対象に軍役規定を明文化するとともに、いっそう整備したのである。

この寛永軍役令において、幕府の軍役規定は大名（この場合は主に譜代大名）にまでひろめられたが、外様大名の場合も、それに対応して、それぞれ家中の軍役改めがおこなわれ、幕府の軍役体系に、より広汎かつ強力に規制されることになった。ここに幕府は、全大名・旗本に対する軍役の統帥権を制度として体制的に確定するとともに、譜代大名・旗本の場合は、これを自己の軍役体系のなかにくみ込み、外様大名の場合は、これを従属させて、その軍役量に一定の基準をあたえたのである。

近代国家＝明治政府になると、中央政府が直接軍隊を掌握するが、封建国家＝幕藩体制では、中央政府としての江戸幕府が直接もっている常備軍（旗本）は少ない。俗にいう〝旗本八万騎〟というのは、多数を示すための形容であり、実際の数字ではない。享保七（一七二二）年の調査では、旗本五二〇五名、御家人一万七三九九名、合計二万二六〇四名ということになっている。したがって、軍事力の発動は、主として軍役に期待をかけた。その意味で、幕府が軍役の統帥権を制度として体制的に確定したことは、きわめて重要なことである。そして、その統帥権を将軍の許可をえて実際に発動するのは、大名支配にあたる老中（旗本の場合は若年寄）であり、幕閣首脳の権限は、この面からも、いちじるしく強力なものとなった。

番方組織の整備

旗本軍役制の整備とともに、幕府の軍制をなす番方の組織もととのえられた。番方のうち、もっとも古い大番は、寛永九（一六三二）年に一二組に拡大して固定した。戦時には先鋒となって戦闘力の主軸となり、平時には江戸城・二条城・大阪城などの守衛にあたった。書院番と小姓組番は両番といい、書院番は同十年、小姓組番は同十八年、それぞれ一〇組に拡大された。ともに将軍の馬廻りをかための親衛隊であるが、小姓組番の方がより将軍に近侍した。

以上の三番は、番方でもっとも格式が高く、上級旗本より選ばれたが、将軍側近が小姓組番頭に任じられて若年寄となり、老中に昇進してその兼任をとかれたことに示されるように、役方と番方は密接な関係をたもちながらも、役方の番方に対する優位が確立されたのである。のち若年寄も小姓組番頭の兼任がとかれ、大番は老中支配、両番は若年寄支配となった。なお、寛永二十（一六四三）年には、新しく新番四組がもうけられたが、徒士《かち》組・百人組以下の歩卒常備軍も、この期に増設・整備された。いずれも若年寄支配に属する。また、「武家諸法度」の改訂・整備と前後して、「諸士法度」（旗本法度）もととのえられた。

平和時の軍役体系

以上のように、幕府の軍役・軍制も、家光治下の寛永政治においてととのえられたが、しかし、〝元和偃武《げんなえんぶ》〟以降、戦争はなくなり、世は太平となったので、寛永軍役令では、大阪夏の陣と同じ内容をもつ元和軍役令にくらべて、実際の軍役量は軽減されることになった。幕府の軍役規定は、その後慶安二（一六四九）年十月、二〇〇石から一〇万石までを対象に、もう一度改訂されるが、この慶安軍役令では、さらに軍役量は軽減されている。元和軍役令が戦時体制と同じ内容をもつ軍役体系であったのに対し、寛永・慶安軍役令は平和時の軍役体系であった。

永世の規式となった慶安軍役令によると、一千石の旗本は、人数二一人・鉄砲一挺・弓一張・槍二本、一万石の大名は、人数二三五人・馬上一〇騎・鉄砲二〇挺・弓一〇張・槍三〇本・旗三本となっている。大名・旗本は、これだけの軍役量を幕府に対して負担し常備する義務を有したのであり、しかもそれは、大名・旗本の保有兵力＝家臣団数の最小規模を示すものであった。

しかし、幕府の軍役体系の整備にもかかわらず、平和の到来によって、実際に、規定通りの軍役を、全大名に行使する機会はなくなった。幕藩体制は、軍役規定にもとづく常備兵力を維持したままで平和が維持されたのであり、それは〝武装平和〟ともいうべき状態であった。そして、参勤交代が手伝普請とともに、幕藩体制下の軍役として重要な意義をもつようになった。寛永軍役令が制定されてから二年後の寛永十二（一六三五）年に、それが制度化され、全大名の幕府に対する役儀・奉公として義務づけられたことは、先にみたところである。また、旗本のうち上級に属するものも、参勤交代を義務づけられた。これを交代寄合《こうたいよりあい》という。

参勤交代こそは、西ヨーロッパの封建制にみられない幕藩体制独自の制度であり、しかもそれが軍役として義務づけられたところに、西ヨーロッパの封建制と異なる大きな特徴があった。それは諸大名に絶対優位する江戸幕府権力の集中表現ともいうべきものであった。西ヨーロッパの封建社会は、政治的には、いわゆる政治的無秩序・封建的アナーキーの段階であり、そこでの軍役は文字通り戦争への動員を意味していた。幕藩体制下の軍役が、その本来の意味が失われて、参勤交代に代表されたことは、まさに〝武装平和〟の結果であり、幕藩体制が戦国期における封建的アナーキーの克服のうえに成立した特殊日本型の封建制であることを示している。

Ⅳ　官僚政治への推移

集団指導の体制

幼将軍家綱の側近

参勤交代の制度化と鎖国体制の完成によって、幕藩間の権力構成が確定し、諸制度もしだいに整備して、諸大名に絶対優位する幕府権力が確立・安定した。

家光は、こうして諸制度が整備したところで、慶安三（一六五〇）年九月、長男家綱（当時十歳）を世子と定め、西丸に入れて、将軍世襲の体制がために着手した。これより先家光は、堀田正俊《ほったまさとし》（正盛の三男）・松平乗寿《まつだいらのりなが》・増山正利《ましやままさとし》（家綱生母楽局《らくのつぼね》の弟）らを家綱の側近としたが、この月、新たに老中の阿部忠秋を付属して、家綱の補導にあたらせたのである。

ところが、将軍世襲の体制がかたまらないうちに、家光は、翌慶安四年四月、四十八歳で病死した。家康の七十五歳、秀忠の五十四歳にくらべると、家光の死は一番早かった。こうして、わずか十一歳の世子家綱が四代将軍に就任することになったが、徳川家にとっては、はじめての幼将軍であり、幕政はここで新しい段階を迎えることになった。

家光は生前、大老の酒井忠勝と老中の松平信綱を左右の手にたとえてもっとも信頼していた。慶安三年七月、家光は忠勝あてに、つぎのような自筆の書状を送っている。

「そなたは、予が部屋住のころから、人多いなかで、別して二心《ふたごころ》なく、予のため第一と考えて尽してくれたので、万事政治向のことも内証のことも、包みかくさずいいきかせてきた。そのため、予が将軍になってから、国をあたえ官位を授けて昇進させた。今後そなたのことを誰がなんといっても信用せず、かならずそなたに尋ねて真偽を定めるから、何事も心おきなく述べよ。」

家光は、忠勝に色々と後事を託するとともに、臨終にさいしては、忠勝を通じ、御三家や御家門などの一門大名に対して、幼将軍の補導を依頼したが、異母弟の保科正之《ほしなまさゆき》はとくに枕もとによんで、このことを懇願した。

温厚清廉の保科正之

保科正之は、秀忠の三男で、慶長十六（一六一一）年に生まれた。母は静の方といい、江戸城に奉公中、秀忠の寵愛をうけ、正之を生んだ。秀忠夫人の浅井氏は嫉妬心がつよく、父との対面を許さなかったが、土井利勝らの計いで、譜代大名の保科正光（信濃高遠　二万五千石）の養子となった。こうして、保科松平家が成立したが、正之は寛永八（一六三一）年に正光の遺領を相続、のち出羽山形を経て陸奥会津若松に転封され、この間加増あって二三万石の一門大名となり、東北大名の重鎮となった。性質温厚にして清廉、かつ義のためには厳正なところがあり、会津藩主として、家臣団の統制や民生の安定・教化にすぐれた手腕を発揮した。

当時、幕閣を構成していたのは、大老の酒井忠勝と老中の松平信綱・阿部忠秋・阿部重次であり、ほかに例の「老臣会議」のメンバーである元老の井伊直孝、出頭人の堀田正盛らがその周辺にあった。ところが、重次と正盛は、近臣の内田正信らとともに、家光に殉死したので、幕閣のメンバーに異動をきたした。

家光に殉死した人々

重次の殉死は、家光のライバルであった徳川忠長の殺害の機密に参加した縁によるが、正盛の殉死は、家光の遺言によるといわれ、周囲もそう期待していた。家光は、忠勝に対しては後事を託し、正盛に対しては殉死を遺言したことになる。それは、酒井氏が三河いらいの譜代の名門であり、忠勝が家光個人の臣ではなく、徳川氏の臣であったのに対し、堀田氏は、正盛一代で昇進し、家光個人の臣であったためで、幕政上における地位も出頭人という将軍の私的な側近頭の地位にあった。

この点からいえば、信綱も長沢松平家の養子となり、老中の地位にあったとはいえ、正盛の立場に近く、そのほかにも、新参譜代で構成された家光の旧側近グループのなかには、同じような立場のものがあった。殉死を期待した周囲の人々は、かれらにさんざん非難をあびせ、落書さえするありさまであった。森鷗外の『阿部一族』の阿部弥一右衛門も同じような立場に立たされながら、藩主細川忠利の許可をえられなかったところから、その悲劇がはじまった。殉死は身分制による階層秩序がなお不安定な時期に生じた風潮といえるが、信綱らは、このときのにがい経験を生かして、のち制度の改正にむかっていくのである。

ベテランによる集団指導

大御所（前将軍）が亡くなると、新将軍の側近に実権が移り、そのなかから老中・若年寄があらわれて、幕閣を構成するのが、これまでの例であった。ところが、今度は事情がちがっていた。十一歳の幼将軍をもりたて、幕府権力を維持していくためには、急激な幕閣の変更はできず、また家綱の周囲には、それだけの組織ができていなかったし、人材も不足していた。そこで、局面の危機を乗り切るために採用されたのが、一門・元老および老中らによる集団指導の体制であった。

大老の酒井忠勝、および老中の松平信綱・阿部忠秋は、そのまま閣内にとどまり、また井伊直孝もひきつづき元老として臨んだが、新しく家綱側近の松平乗寿《まつだいらのりなが》が老中にくわわるとともに、家光の遺命によって、保科正之が家綱の補佐となり、元老として臨むことになった。

このなかでは、忠勝が最年長で六十五歳、ついで直孝が六十二歳、かつて〝青年閣僚〟とうたわれた信綱は五十六歳、忠秋は五十歳に達していた。乗寿は「十八松平」の一つ大給《おぎゅう》松平家乗の嫡子で、慶長五（一六〇〇）年生まれ。同十九年遺領を相続、美濃岩村から遠江浜松を経て上野館林に転封され、この間加増あって六万石、奏者番から家綱側近となり、五十二歳で老中となった。正之が最年少であったが、それでも四十一歳、もっとも働き盛りの年齢であった。

以上のメンバーをみるかぎり、寛永期の幕閣にみられたようなフレッシュな面はなく、政策のうえにも、それが反映したが、かえって、局面の危機を乗り切るためには、その方が望ましく、かれらは老練な手腕を発揮して、幕府権力を維持しながら、幕藩体制の最後の仕上げに、堅実な政策を実施していくのである。この点についてはあとで述べよう。

家光の死後、酒井忠勝はあつまった諸大名に対し、

「今度、御所（家光）が亡くなられ、儲嗣《ちょし》（家綱）はいまだ十一歳になられたにすぎないが、家光公の御子なので、誰も安心されよ。されど、古くから主幼なるときは、人心が一致せず、危殆《きたい》の患いがあるという。御面々、天下を望まれるには、よき時節でござる。」

というと、保科正之と松平光通がすすみ出て、諸大名にむかい、

「おのおのには、只今の讃岐（忠勝）の言葉をきかれたか。今の天下に、誰が徳川家の御恩に浴しないものがあろうか。万一、主幼なるを幸いに、天下を望むものがあれば、われわれに申し出られよ。踏み潰して、御代はじめの御祝儀にしようものを。」

と大見栄をきったので、諸大名はその場に平伏したという。

家光は将軍となるや、諸大名に対し〝生まれながらの将軍〟宣言をしたが、幕閣の首脳陣は、幼将

軍に代わり、協力して、同じような宣言をやってのけ、まずもって、その威信を諸大名に明示したのである。

家綱の側近たち

ともかくも、集団指導の体制で、家綱治下の幕閣は発足した。二年後の承応二（一六五三）年には、小姓組番頭から久世広之《くぜひろゆき》・内藤忠清《ないとうただきよ》（忠由《ただよし》）・土屋数直《つちやかずなお》、書院番頭から牧野親成《まきのちかしげ》をえらび、各番頭の職をといて、家綱の御側衆専任とした。こうして、家綱の側近体制も、しだいに固められ、かれらは新将軍のもとで新たな側近グループを形成することになった。

久世広之は、七千石の上級旗本久世広宣《ひろのぶ》の三男で、慶長十四（一六〇九）年生まれ。元和三（一六一七）年秀忠に接し、のち小姓、寛永元（一六二四）年いらい、小姓組・書院番・中奥の各番士、御徒《かち》頭などを経て、同十五年小姓組番頭となり、慶安元（一六四八）年には譜代大名（一万石）に取立てられ、ここに家綱の御側衆専任となった。ときに四十五歳。

内藤忠清は、家光の将軍就任後老職となった内藤忠重の三男で、元和三（一六一七）年生まれ。寛永七（一六三〇）年家光に接し、十八年から家綱に付属され小姓となり、慶安三（一六五〇）年には小姓組番頭にすすみ、広之とともに家綱の御側衆専任となった。廩米《りんまい》二千俵、ときに三十七歳。

土屋数直は、譜代大名土屋忠直《ただなお》（上総久留里　二万石）の次男で、慶長十三（一六〇八）年生まれ。元和二（一六一六）年秀忠に接し、同五年家光に付属される。同九年いらい、膳番・書院番の各番士を経て、寛永十八（一六四一）年には書院組頭となり、慶安元（一六四八）年には小姓組番頭にすすみ、忠清とともに家綱の御側衆専任となった。七〇〇石・廩米一千俵、ときに四十六歳。

牧野親成は、譜代大名牧野信成《のぶしげ》（下総関宿　一万七千石）の嫡子で、慶長十二（一六〇七）年生まれ。家光に接して小姓となり、寛永十年いらい、膳番・御徒頭を経て、同十九年には書院番頭となった。正保四（一六四七）年遺領を相続し、数直とともに家綱の御側衆専任となった。ときに四十七歳。

このように、家綱の新側近には、家光側近の第二グループからえらばれたが、そのうち、牧野親成は、翌承応三（一六五四）年、板倉重宗に代わって京都所司代に転出し、内藤忠清は、のち家綱の勘気をうけて、出世にストップがかかった。のこる久世広之と土屋数直が、家綱の新側近として、しだいに幕府のなかで勢力をもちはじめた。

譜代の名門、忠清

家綱の側近体制の強化と同時に、同じ承応二（一六五三）年には、幕閣内で初の人事異動がおこなわれ、この年の六月、酒井忠清《さかいただきよ》が新しく老中（上座）となった。

忠清は、譜代の名門酒井雅楽頭《うたのかみ》家の嫡子として、寛永元（一六二四）年に生まれた。祖父忠世《ただよ》は、土井利勝とともに、秀忠側近の第一人者として、秀忠治下の幕閣で重きをなしたが、家光時代になり、例の江戸城西丸の火災事件で、家光の勘気をうけ、失意のうちに晩年を送った。父忠行《ただゆき》も、忠世の勢力をとりもどせないうちに、三十八歳の若さで亡くなったが、そのあとを継いだのが忠清である。寛永九（一六三二）年、はじめて江戸城にのぼり、家光に仕えたが、同十四年には、父の遺領（上野厩橋）を相続、わずか十四歳で一〇万石の譜代大名となった。忠清は、生まれながらにして、譜代大名の上位に位置したのである。

家光の死後、大老の酒井忠勝に代わって、忠清は将軍の機密文書を取扱うことになり、二年後には、一躍にして老中上座に昇進した。ときに忠清は三十歳。家光時代の元老・遺老を中心に構成された幕閣に、一陣の新風を吹き込んだ。ここで老中は、一時酒井忠清・松平信綱・阿部忠秋・松平乗寿の四名となったが、翌承応三（一六五四）年には、乗寿が亡くなり三名となった。

忠清の昇進は、譜代の名門酒井雅楽頭の嫡子という由緒と、かれ自身の才能によるものであるが、

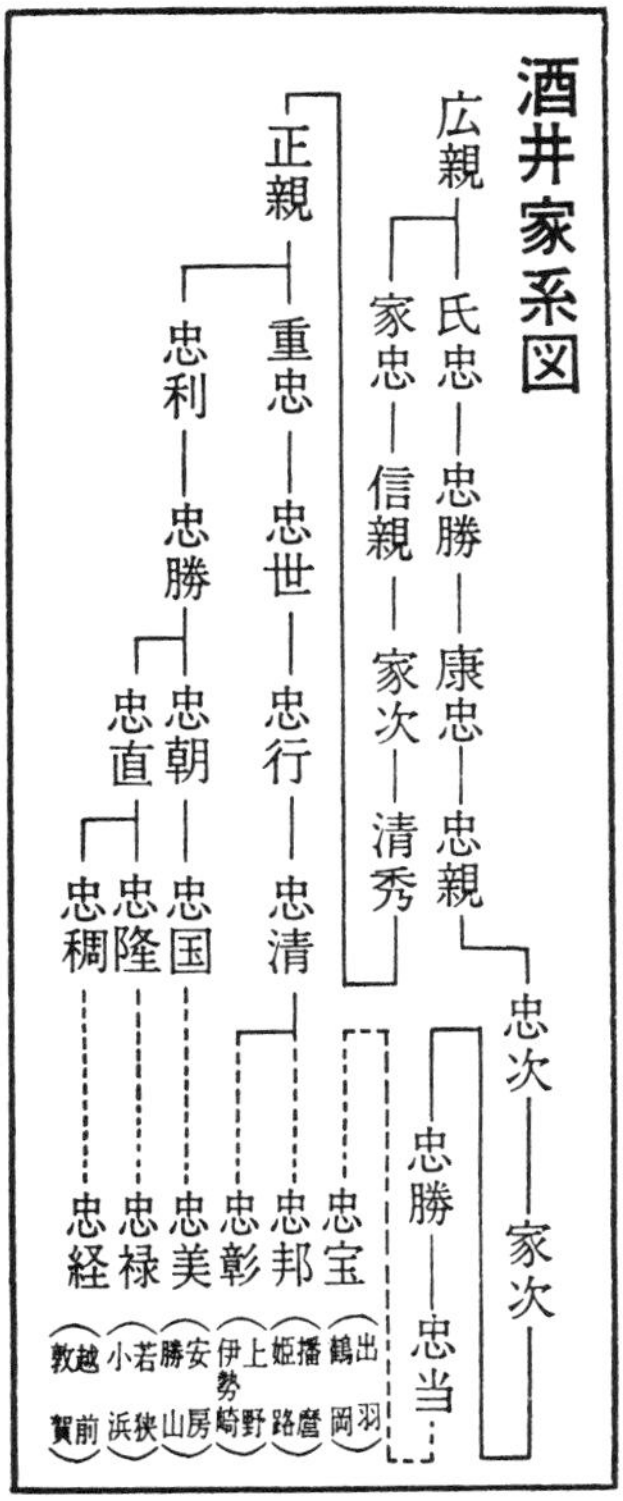

忠清は、祖父忠世・父忠行の失地を一挙に回復するかのように、しだいに勢力を拡大していった。これとは逆に、忠世と並び称せられた土井氏は、利勝の死後、その勢力は後退し、三代目の利久《としひさ》のとき、世嗣断絶によって一旦改易とな

り、一族の利益《とします》が利勝の功によって、新たに七万石の譜代大名に取立てられ、下総古河から志摩鳥羽に転封された。

幕閣首脳の政策論争

幕閣首脳の横顔

家光死後の幕閣は、一門・元老および老中らによる集団指導の体制で発足し、当面、幼将軍をもりたて、幕府権力を維持していくために、現状維持を第一とし、将軍代替りの時期を、平穏に乗り切ろうとした。そのため、昨日まで年々歳々、新制また新制と実施してきた幕政も、一転して保守的となり、新制をおしすすめる動きに対してはむしろ警戒的となった。こうした風潮のなかで、身分制による階層秩序はしだいに固定し、生活のゆとりを失ってゆく武士階級の不満は充満していった。

つよい個性をもった家光が亡くなると、幕閣首脳の個性と能力があらわな形で前面に浮かび出し、色々の批判を生んだが、もっとも批判をうけたのが才智をほこる〝知恵伊豆〟の松平信綱であった。殉死しなかったことについても、「伊豆の大豆豆腐にしてはよけれども、きらず（殉死しなかったこと）にしては味のわるさよ」、あるいは「仕置《しおき》だてせずとも御代は松平、あとに伊豆（出ず）とも御供せよせよ」と皮肉られている。羅山の子、林春斎に「伊豆守裁断流るるがごとし」と評された信綱も、その才智がわざわいして多くの敵をつくった。同じく春斎は、松平乗寿《まつだいらのりなが》を「柔懦《じゅうだ》」と評している。阿部忠秋は、信綱ほどの才智はなかったが篤実にして廉直、敵も少なく、その真価は、家綱の治下で大いに発揮された。井伊直孝は、譜代の棟梁として重きをなし、酒井忠勝は、家綱の信任もっとも厚く、礼を重んずることこの上もないといわれ、人々から武家の摂政といわれた。

ともあれ、さまざまな個性と能力をもつ幕閣首脳は、共同の目的にむかって活動を開始し、何事も防禦・保守を第一とし、町内に自身番をおいて、昼夜にわたって警戒させ、失火を注意し、虚説が流れないように厳しくとりしまった。こうして、安穏のうちに三ヵ月が過ぎ、八月十八日には、家綱の将軍宣下の儀式を待つばかりとなった。ところが、その約一ヵ月前、突然江戸市中が湧きたつ奇妙な事件がおこった。〝松平定政事件〟がそれである。

松平定政剃髪事件

定政《さだまさ》は、家康の異父弟にあたる松平定勝《さだかつ》（久松松平家）の六男として、慶長十五（一六一〇）年に生まれた。兄定行《さだゆき》は、寛永十二（一六三五）年、伊勢桑名から伊予松山に転封され、一五万石の一門大名（松山松平家）となった。定政は同十年から家光に仕えて小姓となり、翌十一年には、早くも小姓組番頭（五千石）にすすみ、その後二回の加増を経て、慶安二（一六四九）年には二万石となり、三河刈谷に封じられた。

定政の昇進は、御家門の出という由緒と家光の信任によるものであるが、定政もこのことをつよく感じ、家光に殉死しようとしたが、その機会をえなかったところから、問題が発生した。
家光が亡くなってから約三ヵ月たった慶安四（一六五一）年の七月九日、定政は突然髪をおろし、能登入道不白《のとにゅうどうふはく》と号して、江戸市中を托鉢して回った。江戸の市民が驚いたのも無理はない。その前日定政は、自宅に増山正利・中根正成・宮城和甫《みやぎまさよし》らを招いて、御馳走したのち、おのおの方に頼みたいことがある、といって口を切った。

「自分は、家光公の御恩を大変蒙ったので、一度は命を捨てて御恩に報いようと願っていたが、その機会がないままに、今日にいたってしまった。今度は幼将軍に仕えて、心力をつくそうと思っているが、今の執政の人々のやり方をみていると、世の中は遠からず乱れてしまうだろう。」

といって、一通の意見書を手渡した。幕政批判の第一弾は、幕府がもっとも頼みとする一門大名の口から放たれたのである。招きをうけた正利らは、すっかり興ざめし、びっくりして、井伊直孝のもとにゆき、ことの次第を報告して、定政の意見書を差し出した。幕閣首脳はうちそろい意見書を開いてふたたび驚いた。そこには、定政が二十歳から四十二歳にいたるまでのあいだに夢にみた歌がしるしてあった。そして、尋ねられるところがあれば、お召しに応じて参上する、とつけくわえてあった。

旗本の困窮に警告

幕閣首脳は、狂気の沙汰と、簡単に取扱い、打つべき手を腹にきめたが、問題の本質は、もっと深いところにあった。そこには、「金銀もあるにまかせてつかうべし、つかわれぬ時はむほん（謀反）

ぎゃくしん（逆臣）」という、重大な警告が発してあった。定政は、翌日髪をおろして、江戸市中を托鉢して回り、井伊直孝あてに、第二の意見書を差し出した。そこには、つぎのようなことがしたためてあった。

「当代になって、天下は安穏のようにみえるが、はじめから上下は困窮しているのに、なんら救済の方法を講じていない。しかるに、自分は一人で二万石という大禄をはんでいる。だから、封禄はもとより武具・馬具にいたるまで、ことごとく献上しようと思う。自分の封禄だけでも、五千石ずつあたえれば四人、五石ずつあたえれば、四千人の人に分ちあたえることができる。自分一人では、とうてい四千人分の働きはできない。」

定政がここでいう上下困窮とは、旗本の窮乏を指している。旗本の窮乏は、寛永のころからしだいに進行し、松平信綱・阿部忠秋らの幕閣首脳は、封禄をくわえたり、窮乏の原因を検査したり、あるいは倹約令を発して、色々と対策を講じてきたが、根本的な解決をみないままに、当代を迎えたのである。かれらの不満は充満し、何事も防禦・保守を第一とする幕閣首脳に対する批判は、しだいに高まりつつあった。このときおこったのが〝松平定政事件〟であり、その所領返上による旗本救済論は、不満をもつ旗本たちに火をつけるようなものであった。幕政のもつ矛盾は、定政によって見事に指摘されたわけだ。

定政が出家して四日後の七月十三日、井伊直孝は、事件の関係者をよんで、詳しい事情を聴取し、翌日登城した。城内で幕閣首脳の評議がおこなわれたものと思われるが、詳しいことはわからない。結論は「狂気につき改易」ということであり、十八日に定政の兄定行が城によばれて、このことが申し渡された。〝定政事件〟は、幕閣首脳を少なからず狼狽させたにちがいないが、かれらは、幕政のもつ矛盾を、当面改易によってごまかし、事件のもつ本質をはぐらかしてしまった。

由井正雪らの謀反

ところが、二週間後、定政が意見書で述べた「むほん（謀反）ぎゃくしん（逆臣）」という事態が、現実のこととして表面化した。由井正雪《ゆいしょうせつ》や丸橋忠弥《まるばしちゅうや》らの牢人による倒幕計画事件がそれである。

慶安四（一六五一）年の七月二十三日、松平信綱の家臣奥村権之丞《おくむらごんのじょう》の弟八左衛門は、突然信綱に正雪らの倒幕計画を訴えた。実行を前にして、八左衛門が兄に暇乞いにいったところ、不審をいだいた兄に問詰められて、ついに白状におよび、信綱に訴えたという。八左衛門は、次男のこととて、暇にまかせて正雪に軍学を学んでいた。驚いたのは信綱である。弓師《ゆみし》藤四郎からも、江戸町奉行の石谷貞清《いしがやさだきよ》のところへ、同じような訴えがあった。このときは、すでに信綱からの下知が届いていて、石谷の屋敷には提灯《ちょうちん》が明々とともっていた。

信綱ら幕閣首脳は、ただちに駿府に急を知らせるとともに、町奉行をして、忠弥以下一味のものを召し捕えさせた。駿府城代の大久保忠成は、江戸からの急報により、諸役人をあつめて捜査にあたり、三日後の二十五日には、紀伊徳川家の家中と称して、駿府の梅屋に泊っていた正雪の一行を発見し捕えようとしたが、正雪は、ことの暴露を察して、一同とともに枕をならべて切腹した。

正雪の計画と目的

正雪らの倒幕計画というのは、あらましつぎのようなものであった。江戸では忠弥らが中心となり、風のつよい夜をえらんで、塩硝蔵《えんしょうぐら》に火をつける。火事だといって、急いで登城する幕閣首脳には、手筈をととのえておいた矢・鉄砲を射かける。大阪には吉田勘右衛門ら、京都には熊谷三郎兵衛らを派遣し、江戸に呼応して騒動をおこす。正雪らは駿府にむかい、久能山にたてこもって、東西に命令を下す、というものであるが、久能山を狙ったのは、家康ののこした金銀を奪うためであり、これを手に入れて軍資金にしようとしたのである。

正雪らは駿府で発見されて自害し、計画は未然に防止された。一味のものや家族は、捕えられて死刑となり、事件はほどなく結着した。正雪の死骸の枕もとから発見された遺書によれば、計画の目的は、実は倒幕にあるのではなく、幕府の政道をあらためさせるところにあった。正雪は「天下の仕置が無道で、上下のものが困窮している」現状を悲しみ、その原因を酒井忠勝らの幕閣首脳に求め、かれらを政権の座からひきずり降そうとして、陰謀をくわだてた、といっている。〝定政事件〟についてもふれ、これを「正しく受けとらず、狂人扱いにして、忠義の志を空しくしたことは、天下の大きな歎きであり、上様（将軍）のためにもよくないことだ」といっている。

この遺書は、末尾に「七月廿六日朝五ツ（午前八時）」と書いてあるが、二十六日の暁に、役人が押し込んだときには、正雪らはすでに自害していた。それ以前に書かれたものであろう。要するに、正雪の乱は、身分制による階層秩序が固定していくなかで、生活にゆきづまりを感じた牢人たちが、幕府に対して反発したものであり、それは、初期三代のあいだ、大名の改易・転封を強行してきた武断主義的な幕政に対する批判を意味していた。〝定政事件〟で問題の本質をはぐらかした幕閣首脳も、相つぐ幕政批判にあって、ようやく問題の解決にたちむかっていくことになった。

牢人問題の論争

この年の十二月十日、幕閣首脳は江戸城の白木書院にあつまって、牢人問題について協議した。まず、酒井忠勝が発言し、

「正雪らが陰謀をくわだてたのは、結局のところ、天下の牢人が多く江戸にあつまっているからで、牢人を江戸から追放することが、永く静謐《せいひつ》をたもつ基である。」

という強硬意見を述べた。この意見に、保科正之と松平信綱は賛成したが、阿部忠秋はつよく反対し、つぎのように述べた。忠秋の真価が発揮されたのは、このときである。

「そもそも、牢人が江戸にあつまるのは、仕官の途を求めるためである。自分のところでは、その便がなく、生涯牢人として終わらなければならない。もし牢人を追放すると、かれらは窮して、悪業をなすものがますます多くなり、下民を苦しめることが甚しくなるであろう。これを仁政ということはできない。しかも、かれらのなかには、妻子あり父母ありで、これらの人々は、みな非人・乞食と

ならなければならない。今幕府のことだけ考えて、他を顧みないのは、天下の政道ではない。また、幕府としても、牢人などの謀反を恐れて、これを追放に処するのは、幕府の権威にかかわる問題で、現在および将来の誹《そしり》を免れることはできない。また、政略上からいっても、かれらを海外に追放することは不可能ではないか。同じ日本国内なので、幕府の世話となるのは同然である。〝痩馬は鞭撻を恐れず〟という諺のように、かれらは地方にいって、ふたたびどのような計画をたてるかわからない。現状のままで結構である。」

忠勝の性急な現象論に対し、忠秋の主張には、いかにもその人柄にふさわしく、冷静にして、ことの本質を見抜いた判断力があった。この両説に対して、まず、井伊直孝が忠秋の説に賛成し、「牢人が江戸にあつまって、陰謀をくわだてたとしても、そのときはそのときで、今回のように召し捕えればよく、さしてむずかしいことではない。天下の生霊《しょうれい》はみなお上《かみ》の民である。正雪らの陰謀に手懲《てこずり》して、牢人を江戸から追放し、身がたたないようにしたと評されたのでは、天下・後世に対して、もっとも恥ずかしいことである。」

と発言したので、忠勝や信綱も、これに賛成し、牢人の江戸追放は中止となった。

大名統制の緩和

重要なことは、幕閣首脳が牢人発生の根本問題に対する制度の改正にふみ切ったことであり、翌十一日、大名改易の族制的理由である末期《まつご》養子の制度をゆるめた。このときは、まだ五十歳以下のものの末期養子願いをゆるしたにすぎないが、ここで、これまでの大名統制策は、大きく変化したのである。

事実、家綱時代は、初期三代にくらべて、大名改易がゆるめられ、外様大名は一六名、徳川一門・譜代大名は一三名、あわせて二九名が改易されたにすぎない。これを家康の四一名、秀忠の四一名、家光の四九名にくらべると、いちじるしく減少している。

大名改易の緩和によって、牢人の発生も少なくなり、この意味で、幕府の政道をあらためさせ、牢人たちに生活の場をあたえようとして謀反をくわだてた正雪らの素志は、生かされることになった。翌承応元（一六五二）年九月にも、別木庄左衛門《べつきしょうざえもん》らによる謀反のくわだてがあり、これまた未然に発覚したが、幕閣首脳は、たび重なる牢人騒動で、これまでの強圧策をあらため、日常のとりしまりをゆるめるとともに、積極的に牢人の就職斡旋をするようになった。

幕府成立後すでに五〇年、政治組織の整備や鎖国体制の完成、戦時体制の軍役から平和時の軍役への移行のなかで、これまでの武断主義的な幕政は、ようやくにして文治主義的傾向をおびるようになっていった。

幕政機構の確立

老いた信綱・忠秋

一門・元老および老中らによる集団指導の体制で発足した幕閣の首脳陣も、家綱初期の政治的不安が克服されると、そのメンバーに異動を生じた。

まえに述べたように、承応二（一六五三）年、新しく酒井忠清が老中となり、幕閣が補強されたが、翌三年には、松平乗寿が在職わずか三年にして亡くなった。ついで明暦二（一六五六）年には、大老の酒井忠勝が職を辞し、万治二（一六五九）年には、元老の井伊直孝が亡くなった。この間、老中となったのは稲葉正則《いなばまさのり》（万治元年）だけである。ここで老中は、酒井忠清・松平信綱・阿部忠秋・稲葉正則の四名となり、その上に保科正之が元老として臨んだ。

直孝・忠勝が幕閣を去ったあと、家光時代からひきつづき閣内にとどまったのは信綱と忠秋だけであり、老中在職すでに二五年におよんだ。

稲葉正則は、春日局の子で、家光の将軍就任とともに老職に抜擢された稲葉正勝の嫡子で、元和九（一六二三）年生まれ、忠清より一つ歳上である。正勝は、忠清の父忠行と同じく、三十八歳の若さで亡くなり、家光治下の幕閣新首脳から脱落した。寛永十一（一六三四）年、正則はわずか十二歳で父の遺領（相模小田原　八万五千石）を相続、その成長をまって、老中に昇進した。器量人といわれるが、病弱で、老中としての経験も浅かった。また忠清は老中上座にあったとはいえ、いまだ三十五歳の青年老中であり、信綱（六十三歳）・忠秋（五十七歳）の両ベテランが、文字通り幕閣の中心的存在となったのである。

これに対し、家光に殉死した阿部重次家は、重次の死後、嫡子定高《さだたか》が遺領（武蔵岩槻　九万九千石）を相続したが、万治二（一六五九）年、二十五歳の若さで亡くなり、そのあとを弟正春《まさはる》（加増あって一一万五千石）が継いだ。しかし、幕閣での地位は何一つあたえられなかった。この点、同じく家光に殉死した堀田正盛家も同様である。堀田家では、正盛の死後、嫡子正信《まさのぶ》が遺領（下総佐倉　一一万石）を相続、ここに、家光個人の臣として、正盛一代で昇進した堀田家は、徳川家の臣として定着することになったが、正信は「武辺のなかにも偏武の剛勇」と評された人で、幕閣首脳の文治主義的傾向を好まず、その中心的地位を占める信綱との対立をふかめていった。

堀田正信の幕閣批判

万治三（一六六〇）年十月、正信は、突然保科正之と阿部忠秋あてに、一通の意見書を提出して、無断で佐倉に帰国したが、その意見書というは、あらましつぎのようなものであった。

「父正盛は、三代将軍の殊恩をうけ、これに報いるために殉死した。自分も父のあとを継いで奉公しようと思っているのに、当代になってすでに十年、その間年々歳々悪いことばかりあらわれて、天下の人心を勇みたたせるような事は一つもなく、国中の人民はもとより、牛馬にいたるまで大いに疲弊している。そのわけは、執政の人々の上様（将軍）に対する補佐の仕方が悪く、施政の方針を誤っているからである。

将軍も、すでに二十歳になられたので、御耳に達してもよいころかと思う。前将軍は亡くなられるとき、当将軍にむかって、弓矢の道は少しも怠ることのないように、といわれた。この点について、万一将軍の御失念があってはならない。

爾来、大名の領地で明地になったところは多いが、これを他にあたえた例は、きわめて少ない。今日、旗本が困窮して侍の心得も維持できない状態にあるのは、執政の人々が武士の吟味を怠り、ただ利勘のみを事とし、下々を顧みないからである。よって、自分の領地を返上するから、これを旗本たちに配分せられたい。」

幕閣首脳の失政を批判し、旗本の窮乏を指摘し、これを救済するために、自分の所領を返上する、というのである。その主旨は、さきの松平定政の意見書と同一の精神にたつものであった。意見書の宛名に松平信綱が除かれているのは、かれとの不和・対立によるものであり、この点も、定政の場合と同様であった。阿部忠秋が常に宛名にえらばれているのは、その人柄によるものであろう。

事件の背景―勢力争い

例によって、幕閣首脳の対策会議が開かれた。まず、保科正之が発言し、

「上野（正信）の申すことは、用いるに足りないが、所領を返上してまで諫言することは、それほど憎むべきことではない。」

と多少の同情意見を述べた。他の老中も、これに同意したが、松平信綱だけが反対し、

「上野の行為は、狂気とみえ申す。」

といって、定政と同じく狂人扱いにした。正之は、これに答えて、

「上野は故加賀（正盛）の嫡子である。国のために、身を抛って諫言したものを、どうして狂人ということができるか。」

と反論した。信綱は語気をつよめて、

「故加賀の嫡子であるからこそ、狂気と申したのでござる。上野の申すことに、たとえ理があるにせよ、無断帰国は反逆と同じである。もし本気でやったとすれば、堀田家一族への連坐は免れますまい。狂気としておけば、どのような罪も、救いの道はあるものでござる。」

と答えた。いかにも〝知恵伊豆〟らしい論法である。正之らも、この信綱の意見に賛成したが、その結果は、改易—領地没収、その身は脇坂安政《わきさかやすまさ》（正信の実弟　信濃飯田城主）お預けとなった。しかし、堀田家は取潰しを免れ、嫡子正休《まさやす》が廩米《りんまい》一万俵をあたえられ、のち廩米をあらためられて、上野吉井にて一万石あたえられ、その後近江宮川に転封された。

〝堀田正信事件〟は、幕閣内での派閥抗争という形こそとっていないが、家光の旧側近グループの勢力争いとみてよい。旧側近グループのうち、松平信綱と阿部忠秋は、絶えず幕閣の中心にある。酒井忠清の老中昇進は、その家柄からして当然である。しかし、旧側近グループの一人稲葉正勝の子正則が、それほどの功績もなく、単に正勝の子というだけで老中に任命されたとすれば、父正盛が家光

に殉死し、最大の忠義を尽したと自認している堀田正信にしてみれば、我慢のできないことであったにちがいない。正信は功を焦って血気にはやり、老獪な信綱に葬り去られたのである。堀田家は、一挙に一一万石から一万石の大名に転落した。しかし、幕閣首脳は、正信の意見書にもられたあからさまな幕政批判—旗本救済問題に、真剣にとりくまざるをえなくなった。

“寛文の二大美事”

先に幕閣首脳は、文治政治の第一歩として、末期《まつご》養子の制度に改正をくわえ、これまでの大名統制策をゆるめたが、寛文年間に入ると、つぎつぎに制度の改正をすすめていった。

まず、寛文三（一六六三）年五月、元老の保科正之・榊原忠次《さかきばらただつぐ》、老中の酒井忠清・阿部忠秋・稲葉正則（松平信綱は前年死亡　六十七歳）らがあつまり、「武家諸法度」の改訂をめぐって評議した。議論は殉死の禁を新条に入れるかどうかに集中したが、正之・忠次がこれを一条として入れよう、と発言したのに対して、忠秋は旧法の改正を不可とする立場から、つよく反対し、結局、条外として口上にて発表することになった。このなかで、寛永法度の制定に参加しているのは忠秋だけであり、かれの主張がつよく通って、寛文法度は、ほとんど旧法の辞句の修正程度にとどまった。

こうして、寛文法度は、五月二十三日、江戸城の大広間にあつまった諸大名の面前で公布されたが、林春斎がこれを読み終えると、忠清が立って、口上をもって殉死の禁を発表した。殉死は幕命をもってはっきりと禁止されたのである。これまで殉死の禁は、信綱の政治のようにいわれてきたが、実際にはかれは前年に死亡しており、これをつよく主張したのは正之である。かれは、朱子の『殉葬論《じゅんそうろん》』を読んで、殉死が元来夷狄《いてき》の弊風であることを知り、すでに寛文元（一六六一）年に会津藩において殉死の禁を実施しており、寛文法度の一条にも、それを入れようとして、忠秋の反対にあった。

ついで、寛文五年七月、幕閣首脳は、諸大名をあつめ、「泰平すでに久しく、神祖（家康）の五十年の法会も終ったので、今後諸家から証人を出すことを免ずる」と申し渡した。大名証人制が廃止されたのである。

以上の二事は、〝寛文の二大美事〟といわれるもので、文治主義精神は大いに発揚された。とくに大名証人制の廃止は、戦国の遺風に最後のとどめが刺され、幕府と外様大名との緊張関係がいっそう緩和されたことを示すものであった。

幕政機構の整備

こうした幕政における文治政治の展開は、単に制度の改正にとどまらず、新しい役人層の組織化を必要とし、寛文年間に入って、幕政機構は大いに整備され、それにともなって、各役職の職掌と権限が明確となり、また役職間の階層秩序も整備された。

まず、寛文二（一六六二）年二月、若年寄が再置され、家綱側近の御側衆専任である久世広之と土屋数直の両名が、この役に任命された。これと同時に、老中と若年寄の職掌が定められ、両者の権限が明確となった。その職掌は、つぎのようである。

老中支配
禁中並公家・門跡　国持大名壱万石以上並九千石以下交代寄合　大造御普請・同御作事並堂塔御建立之事　知行割之事　異国御用之事　高家　留守居　大番頭　大目付　町奉行　旗奉行　鑓奉行　作事奉行　勘定頭　普請奉行　遠国奉行　遠国役人　鷹方

若年寄支配
書院番頭　小姓組番頭　新番頭　小姓　小納戸　中奥　百人組頭　持弓頭　持筒頭　目付　使番　惣弓鉄砲頭　火消役人　歩行頭　小十人組番頭　西丸裏門番頭　納戸頭　船手頭　二丸留守居　中川番　九千石以下交代無之寄合　膳奉行　右筆　小普請奉行　道奉行　医師　儒者　書物奉行　細工頭　賄頭　台所頭　同朋　黒鍬頭　中間頭　小人頭

若年寄の再置により、慶安二（一六四九）年いらい老中所管となった旗本支配は、若年寄に移され、これまでの老中＝大名支配・若年寄＝旗本支配という基本原則が、はっきりと打ち出された。老中・若年寄・三奉行という寛永時代の政治形態に復帰したのである。

しかし、それは単なる復帰ではなかった。交代寄合以下の重要な旗本役は老中支配となり、三奉行のうち寺社奉行は、このとき老中所管を離れ、将軍に直属することになった。このことは、一時老中に集中した行政機能が分離するとともに、職制の分化と機能的な進化がすすみ、階層的な行政系統が整序化されていったことを示している。

また、軍事職制＝番方はすべて両支配にくり込まれたが、重要なことは、若年寄が小姓組番頭を兼任することに示された役方と番方の未分化な職制が否定されたことで、全体として、役方の番方に対する優位の確立のもとに、軍事職制は後退し、役方の分化と増加がすすみ、封建官僚制が進行した。そして、それをいっそう進化したのが、寛文六（一六六六）年に創設された旗本諸役人に対する役《やく》料《りょう》の支給制度である。松平定政や堀田正信の意見書に示された旗本救済論が、ここに具体化されたのである。

役料の創設

これより先、寛文五（一六六五）年には、旗本の困窮事情をしらべ、大番頭以下、主に番方の諸士に対して、俸禄以外に勤務手当をあたえたが、寛文六年には、これを役料として、役方の諸士にも拡大した。たとえば、留守居二千俵、大目付・町奉行各一千俵、旗奉行・作事奉行・勘定頭各七〇〇俵、鑓奉行・留守居番・普請奉行各五〇〇俵、西丸留守居・船手頭・納戸頭・腰物奉行各四〇〇俵、といったたぐいである。

これまで、幕府に対する旗本の勤務は、すべて知行・俸禄のあてがい（御恩）に対する奉公としておこなわれ、それが封建的主従関係の基本をなすものであった。また、功労によって加増されることはあっても、役付に対する勤務手当はなく、本高のままで勤務した。したがって、役料の創設が旗本の救済策から出たとはいえ、これまでの封建的主従関係に変化をあたえるとともに、幕府職制に封建官僚制の特徴をより明確にあたえることになった。

幕閣首脳陣の大異動

こうして、幕政機構は、寛文期とこれにつづく延宝期にいたって、ほぼ確立した。これにともなって、幕閣の首脳陣にも、大幅な異動を生じた。

まず、寛文二（一六六二）年三月には、松平信綱が老中在職二七年にして亡くなり（六十七歳）、七月には、先に大老の職を辞した酒井忠勝が七十六歳で亡くなった。これに対して、翌三年二月には、井伊氏と並ぶ門閥譜代の榊原忠次《さかきばらただつぐ》が元老として迎えられ、八月には、若年寄の久世広之が老中に昇進した。ついで同五年十二月には、若年寄の土屋数直と大阪定番の板倉重矩《いたくらしげのり》が老中に昇進し、翌六年三月には、酒井忠清と阿部忠秋が老中の職をとかれ、忠清は大老となり、忠秋は形式上幕閣より離れたが、なお重要な協議にあずかった。これより先、同五年三月には、榊原忠次が病死したが（六十一歳）、これに代わって、同八年十一月には、井伊直孝の嫡子直澄《なおずみ》が大老として迎えられた。また、保科正之は、同元年いらい眼病をわずらい、重要な協議にだけあずかってきたが、同四年には、家綱より保養の命令が下り、しだいに幕政から遠ざかった。そして、同九年四月には致仕し、三年後の同十二年十二月に六十二歳で亡くなった。

いっぽう、若年寄には、寛文三（一六六三）年八月、久世広之のあとに土井利勝の四男利房《としふさ》、同五年十二月、土屋数直のあとに永井尚政の三男尚庸《なおつね》が任じられ、ともに奏者番より昇進した。尚庸は在職五年にして京都所司代に転出し、代わって同十年二月、堀田正盛の三男正俊《まさとし》が若年寄となった。

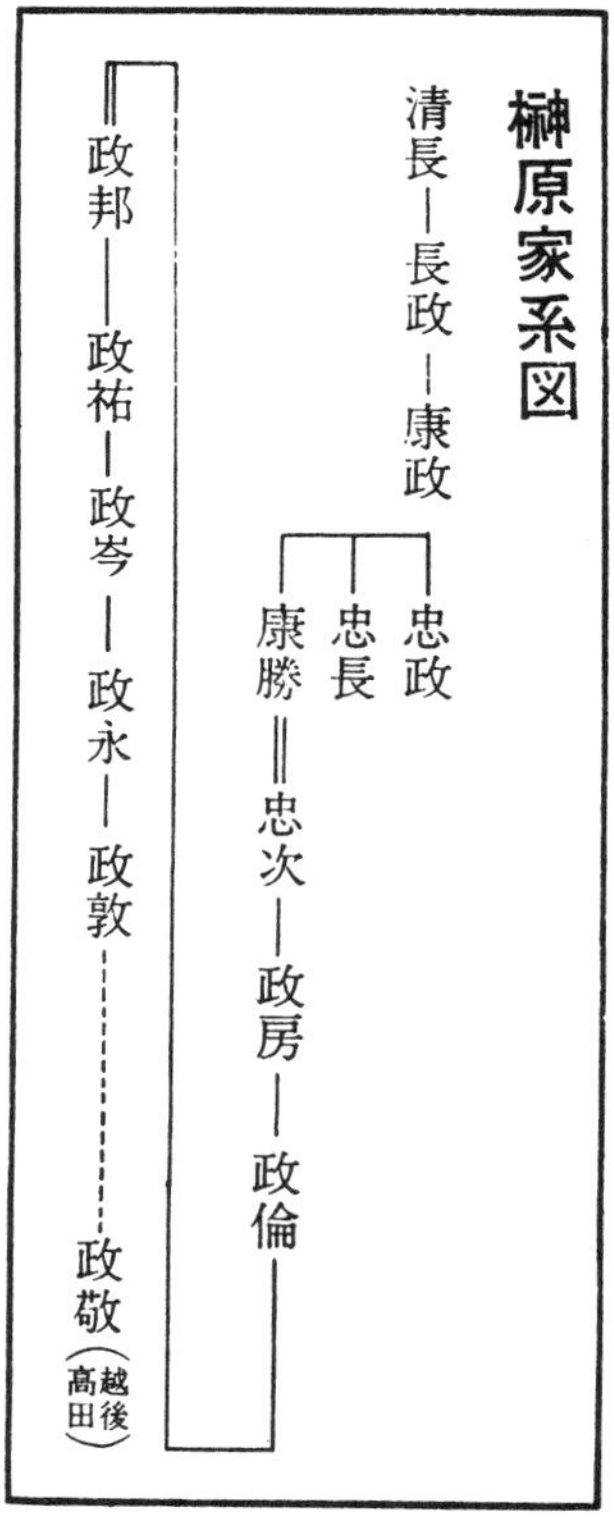

元老忠次と大老直澄

榊原忠次は、徳川四天王の一人榊原康政の子康勝《やすかつ》（上野館林　一〇万石　元和元年二十六歳にて死亡）の養子。実は大須賀松平忠政（遠江横須賀　六万石）の嫡子で、慶長十（一六〇五）年生まれ。同十二年、一日忠政の遺領を相続したが、家康の命によって、譜代の名門榊原家を継ぐことになり、元和元（一六一五）年、康勝の遺領を相続した。のち陸奥白河を経て播磨姫路に転封され、この間加増あって一五万石となった。井伊直孝の三〇万石にはおよぶべくもなかったが、門閥譜代として重きをなし、かつ一代限り松平姓を称することをゆるされた。直孝は、すでに万治二（一六五九）年に死亡しており、忠次が元老として迎えられたのは、直孝に代わったものである。

忠次死亡の翌年には、酒井忠清が大老となったが、このときより大老の名称が用いられた。このことは、大老の職制がこのとき制度として成立したことを示すものであり、それは、寛文・延宝期にお

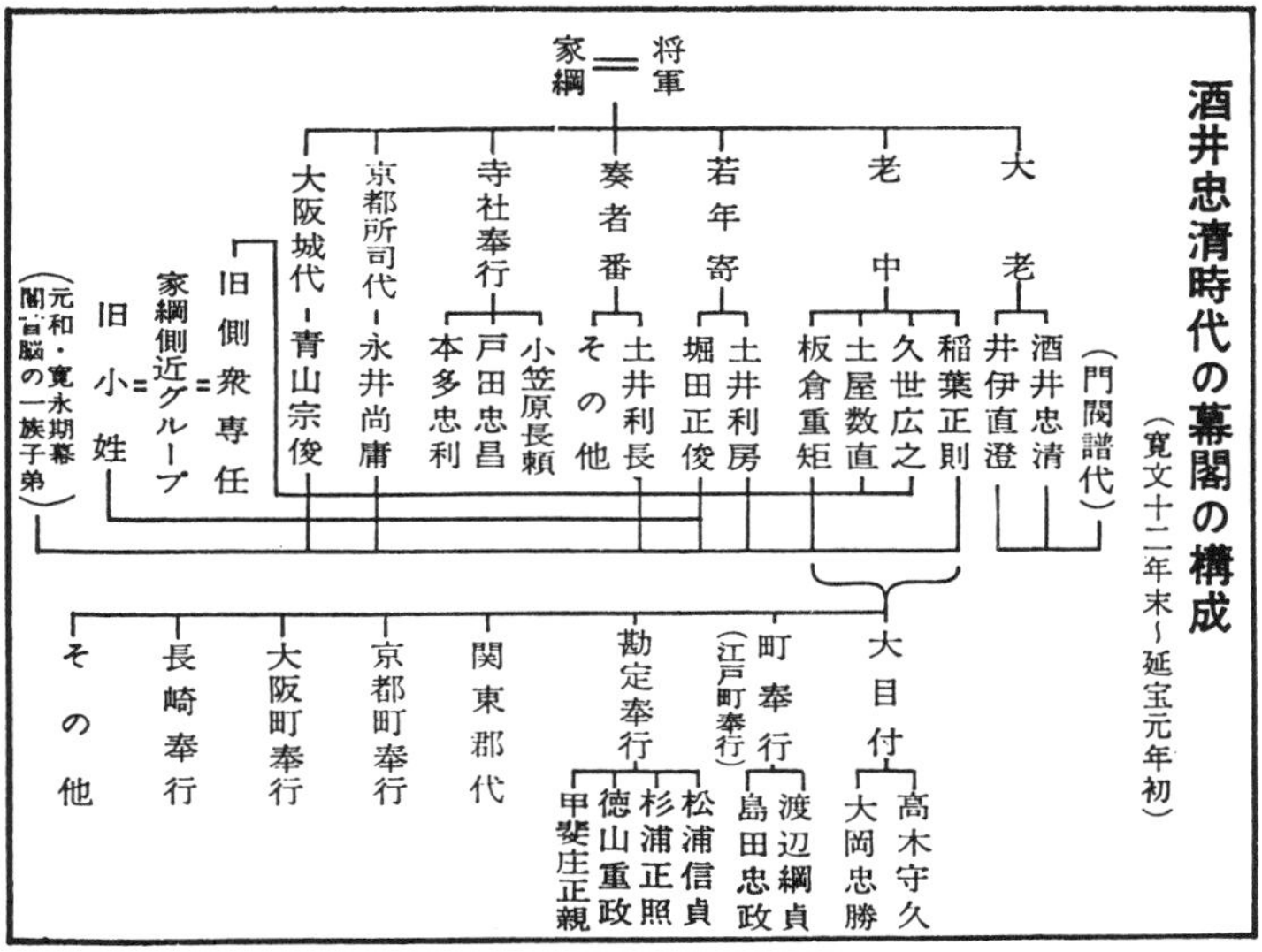

ける機構整備の一環をなすものであった。井伊直澄が父直孝および忠次と異なり、大老として迎えられたのは、こうした事情によるものであるが、その実「父がときのごとく国政の大議」にあずかったものであり、元老と変るところはなかった。したがって、同じ大老といっても、忠清と直澄では、その役割がかなりちがっていた。忠清は、酒井忠勝に代わったもので、文字通り幕閣の最高首脳としての役割を果たし、直澄は、譜代の代表として幕政に参与し、重要協議にあずかったのである。

閨閥化する幕閣

家綱の御側衆専任であった久世広之と土屋数直が、この期に、ともに若年寄から老中に昇進したことは、家綱の側近勢力が強化されたことを意味したが、何よりも、家綱自身が病弱でかつおとなしい性質であったために、幕閣の中心となるまでにはいたらなかった。広之は下総関宿城主で五万石、数直は常陸土浦城主で四万五千石。

板倉重矩は、島原の乱で戦死した板倉重昌の嫡子で、元和三（一六一七）年生まれ。かつて京都所司代をつとめ、父勝重とともに名所司代といわれた重宗の甥にあたる。老中就任後三年にして京都所司代に転出し、二年後にはふたたび老中に復帰した。下野烏山城主で五万石。

久世広之・土屋数直のあと、この期に若年寄に昇進したものは、いずれも秀忠・家光の側近で大老・老中となった人々の家柄のもので、このように幕閣はしだいに譜代大名のなかでも特定の家に固定していく傾向を示しはじめた。しかも、土井利房・永井尚庸・堀田正俊の三若年寄とも、庶子の出で分家により譜代大名となったものである。

ここで幕閣の構成は、大老が酒井忠清・井伊直澄、老中が稲葉正則・久世広之・土屋数直・板倉重矩、若年寄が土井利房・堀田正俊となった。家光時代の元老・遺老がことごとく幕閣を去り、酒井忠清の時代が切っておとされたのである。

幕藩体制の仕上げ

大名領国の固定

家綱治下の幕閣首脳による文治政治の展開にともない、幕政機構の整備と軌を一にして、幕藩体制は、この期に最終的に仕上げられていく。

先に幕閣首脳は、文治政治の第一歩として、末期《まつご》養子の制度に改正をくわえ、これまでの大名統制策をゆるめたが、その結果は、大名改易の減少とともに、大名転封もいちじるしく少なくなり、とくにこの傾向は、外様大名の転封において顕著にあらわれた。このことは、外様大名の転封が、すでに前代末までに完了し、かれらの定着にともなう領国の固定化が、当代に入って、ますます不動になったことを意味するものであった。

いっぽう、譜代大名は幕政執行の立場から、行政的転封のほか、改易や交換によってひきつづき転封がおこなわれたが、これまた前代にくらべるといちじるしい減少を示し、とくに辺境地帯における特定譜代藩領に対する転封は、この期にますます顕著となり、全体として、譜代大名も相対的に定着する傾向を示し、その領国は固定化したのである。

ここに、大名の定着・領国の固定化にともない、諸大名の領域・石高が一定し、全国郡村の区画、領地の境目が確定した。寛文四（一六六四）年における「寛文朱印状」の諸大名に対する一斉交付は、まさにこのような事態に対応して出されたものであり、それは幕藩体制の確立を画する重要な意義を有するものであった。

一門・譜代取立条件の変化

こうした大名領国の固定化にともなって、徳川一門・譜代大名の取立てにも大きな変化があらわれた。これまで初期三代の将軍を通じて、幕府権力を強化するために、徳川一門をはじめ、新旧両階層からさかんに譜代大名を取立ててきたが、当代に入ると、これがいちじるしい減少を示しはじめるのである。

家綱時代における徳川一門の取立ては、水戸徳川家より二家（守山・府中両松平家）、紀伊徳川家より一家（西条松平家）、松江松平家より二家（広瀬・母里両松平家）が取立てられたことにみられるように、御三家分家と御家門分家の取立てに特色を有するものであった。このうち、西条松平家のほかは、いずれも分知配当による分家大名であり、このことは、新たな直系一門の取立てがおこなわれなかったことと相まって、徳川一門取立ての条件が変化してきたことを示している。しかもそれは、譜代大名取立ての条件と共通の基盤の上に立つものであった。

すなわち、この期に譜代大名に取立てられたものは二一名で、初期三代にくらべて、いちじるしく減少したが、重要なことは、徳川一門の取立てと同じく、分知配当による分家大名が圧倒的多数を占めたことで、しかも、新参譜代層はわずか一名だけにとどまった。これを大名分家の形態からいえば、新知より分知への変化であり、いまや幕府権力の体制的確立により、初期三代の将軍のときのように、新知による徳川一門・譜代大名の強力な取立ては不必要となったのである。ここに、大名家の家格は固定し、身分制秩序が確立され、全体として幕藩権力構成は固定化するにいたった。

幕藩体制の運動法則

寛文・延宝期（一六六一〜八〇）は、大名定着にともなう領国の固定化によって確立された幕藩体制下の諸大名が、鎖国を契機に幕府に掌握された全国市場のなかで、大阪が中心的地位を占めるにともない、みずからの再生産を確保する有効な手段として、それに対する連繫・依存を強化し、それを通じて、幕藩封建社会における〝御恩〟と〝奉公〟、いいかえれば、大名土地所有権の承認と、幕府への軍役負担＝参勤交代制が全うされる体制が名実ともに確立される段階であった。

このような運動法則が全国的規模において貫徹されるなかで、諸大名は、それに対応する形で藩政改革をおこない、地方知行から俸禄制への切替えを断行するとともに、各藩領の農民に対し、一元的な支配・収取関係を実現する手段として、初期検地に匹敵する大規模な寛文・延宝検地を実施したのである。

関東農村と寛文検地

幕府の直轄領農村においても、この期に大規模な検地が実施されたが、この間の事情について、相模西北部の山麓地帯である津久井農村の場合をながめよう。

津久井は、天正十八（一五九〇）年の家康の関東入国いらい寛文四（一六六四）年まで、ごく一部の旗本領をのぞいて幕府の直轄領であった。まず慶長八〜九（一六〇三〜〇四）年の総検地によって、かつての給人のほとんどは名請人化したが、つぎの元和・寛永検地にいたって、分村の創出、知行地の上給、貫文制から石高制への漸進的な発展がおこなわれ、寛文期の総検地をむかえたのである。

寛文期の津久井の政治情勢の変化は、同四（一六六四）年、老中の久世広之《くぜひろゆき》の所領に編入されたことである。津久井二七ヵ村のうち、同三年検地は一ヵ村だけで、他はすべて同四年に実施された。その意味で、津久井の寛文総検地は、当時の幕閣首脳の検地方針を示したものとして注目される。

いったいに、津久井農村にかぎらず、関東山脈東斜面の山麓地帯は、水田が少なく、畑作を中心とした農業経営地帯であった。こうした自然条件・農業経営条件のもとでは、古い貫文記載の形式がのちのちまで残存したが、久世寛文検地の第一の特色は、この貫文制を廃止して、全面的に石高制を採用したところにあった。そして、第二に分村を完成して村高を確定し、それによって、中世的な郷の解体にともなう近世村落が最終的に完成されたのである。第三の特色は、小農民の自立策を強力におしすすめた点にあった。ちなみに、慶長検地と寛文検地の名請人数をくらべてみると、青山村は八四名から一四〇名に、太井村は六〇名から八五名に、千木良村は三六名から一二八名に、といったぐあいに、名請人、とくに屋敷地名請人がいちじるしく増加している。これらの小農民は、有力農民から自立し、その多くが屋敷持の独立した本百姓として、直接権力によって把握されたのである。

以上、要するに津久井農村は、幕府直轄領より譜代久世領に切替えられる寛文四（一六六四）年の総検地によって、貫文制に代わる石高制が採用され、小農民の自立と分村の完成による近世村落の完成がもたらされたのであり、同様の傾向は、武蔵農村においてもみられた。ここに、関東農村においては、そのもっとも遅れた地帯と目される西部山間農村においても、寛文・延宝期において、文字通り幕藩体制が確立されたのである。

畿内農村と延宝検地

つぎに畿内先進地帯について、河内丹北郡更池村の場合をながめよう。同村は幕府の直轄領農村であるが、まず寛永二十一（一六四四）年の農民構成をみると、一一軒の高持百姓より構成されていた。かれらは役家《やくや》であったが、なかにはヘヤ住の小農民が住む別棟の家屋をもつものもあった。それが寛文元（一六六一）年になると、一五戸となり、そのうち一四戸が高持百姓で、一戸が無高＝水呑として存在した。ついで同十二（一六七二）年になると、二二戸に急増し、延宝六（一六七八）年の検地をむかえるが、同年の検地によって、一三戸が高持百姓、九戸が無高＝水呑となった。なお、一三戸の高持百姓のうちわけは、五〇〜四〇石層が一戸、三〇〜二〇石層が一戸、一五〜五石層が三戸、三石以下の層が八戸ということになっている。これによって、更池村においては、寛永期から寛文・延宝期にかけて、かなり階層分化が進行したことがわかり、とくに上層農民である庄屋一人に土地が集中していく傾向がみられたのである。

以上、更池村においては、寛文・延宝期において戸数が急増したにもかかわらず、高持百姓はそれに比例して増加せず、逆に寛文元（一六六一）年から延宝六（一六七八）年にかけて一戸減少しており、したがって、この間の戸数の増加は無高＝水呑の増加であったことがわかる。このことは、寛永期のへヤ住の小農民が、その後高請地を獲得して一戸の独立した高持百姓に発展しながらも、寛文期に入ると、上層農民の土地集中や、一部高持百姓の没落に対応して、より多くのへヤ住の小農民が無高＝水呑として独立戸を構えるようになったことを示している。

このように、畿内の先進地帯においては、関東・その他の後進地帯と異なって、小農民の自立は早期にすすみ、寛文・延宝期になると、多数の無高＝水呑が発生したが、このことは、先進地帯においては、無高でも独立戸を構えることができるような条件が生じたことによるもので、そのような条件として、更池村では、寛文期より棉作を中心とする商業的農業の発展をあげることができる。

こうして、畿内先進地帯においては、商業的農業の発展にともなう農民的商品生産の展開によって、農民層に新たな分解が生じ、高持百姓と無高＝水呑に分化したが、その結果は、年傭労働に依拠する地主手作経営と、それを放出する零細小作経営となってあらわれた。

幕府の先進地帯に対する延宝検地は、まさにこのような現実に対応する形で実施された。まず第一に検地竿は六尺一分竿を使用し、第二に田畑の位付《くらいづけ》は上々・上・中・下・下々の五等級に細分し、第三に新開可能な山林・沼沢まで検地の対象とするなど、初期検地の不統一性を是正しながら、検地方針をいっそう精密化し、生産力を最大限に把握しようとしたのである。また、新たに発生した農民層の分解にともなう地主―小作関係をみとめ、小作農民を分付《ぶんづけ》の形で登録・把握した。これは、幕府権力による地主・小作関係の公認を意味し、政治的にみた地主制の基点としての意義をもつものであった。

村づくりの完成

初期いらいの幕府の農民政策の基本方針は、要するに、「死なぬように生きぬように」という家康の言葉に代表されるように、農民の余剰部分を生産物地代として取立てるために、小農民の一般的成立を促進することにあった。そのため、旗本・代官または有力農民の恣意から小農民を保護し、その経営の再生産を維持することにつとめたのである。

こうして、寛文・延宝期、少なくとも一七世紀の後半までに、単婚小家族の自家労働力を中核とする本百姓の小農経営が一般的に成立し、かつ体制的に確定されていった。幕藩体制の生産力的基礎が確立したのであり、ここにおいて、初期いらいの新しい村づくり政策はいちおう完結することになった。

しかし、一つの社会体制が確立されるときは同時に、新しい矛盾が発生するのが歴史の法則である。農民的商品生産の展開にともなう農民層の新たな分解、地主―小作関係の発生がそれである。幕府は、こうした矛盾に対応しながら、その後の農政を展開し、幕藩体制の維持・強化につとめていく。それが本質矛盾として体制そのものをゆり動かすのは、ずっとのちになってからである。

給人代官から農政官僚へ

以上のような寛文・延宝検地による小農民自立の体制的掌握と同時に、幕府は、地方支配機構の中心をなす代官制度にも改正をくわえていった。寛永期の幕閣首脳は、陣屋《じんや》支配による初期の給人代官に対して、勘定奉行の指揮下に統一するとともに、年貢米の地払いや手作を禁止して、かれらに対する統制をつよめる一方、代官所単位に、年貢・夫役の賦課台帳となる人別帳を差し出させ、代官の不正行為に対する摘発条件をつかんだ。

初期の給人代官は、中世末の土豪層に系譜をひくものが多く、支配地農村との結びつきは、極めてつよいものがあった。こうしたところに、代官の不正行為がおこる原因があったが、いったいに、代官所の経費は、幕府から支給されず、代官自身が本年貢とともに農民から徴収する口米《くちまい》（付加税）をもってあてられており、したがって、口米が不足したときは、本年貢を流用する危険をともなっていた。しかも、農民から徴収した本年貢は、ただちに幕府の会計に入らず、一定期間は代官の会計下におかれ、しかるのち、幕府の会計に移されるしくみになっていた。幕府徴租機構のこうしたしくみにこそ、むしろ代官の不正行為がおこる根本的原因があったのである。

幕府は初期いらい、代官の不正行為に対して、個々に処罰をくわえてきたが、給人代官がなお多く存続し、右にみる徴租機構に改正がくわえられないかぎり、所期の目的を果たすことは困難であった。ところが、寛文・延宝期における小農民自立の一般化にともない、土豪的性格をもつ給人代官の再生産の基盤が解体していくこととなり、かれらと支配地農村との結びつきは、急速に弱まっていくことになった。

こうした農村構造の変化にともない、代官たちは、これまでのように、本年貢の穴埋めを農民に転嫁することができなくなり、その結果、かれらの不正行為―年貢滞納が一挙に表面化した。ここに、幕閣首脳は、代官のこうした不正行為に対する処罰を強化することになり、それはやがて、五代将軍綱吉時代に入って直轄領統治の本格的な刷新にむけられていく。

こうして、初期いらいの給人代官は、しだいに淘汰され、支配地農村との結びつきは断ち切られていくことになったが、とくに関東の直轄領農村においては、寛文検地により、これまでの陣屋支配が廃止されるとともに、代官の支配地からの引揚げと江戸定府《じょうふ》が促進された。つまり、給人代官に代わる幕府の徴税官・農政官としての代官の地位が確定していくのであり、それは、前述した幕政機構の整備にともなう封建官僚制の進行と軌を一にするものであった。

〝下馬将軍〟の登場

大老政治の開幕　家綱中期の寛文年間、家光時代の元老・遺老がことごとく幕閣を去ってしまうと、おのずから大老の酒井忠清に権力が集中した。忠清の権勢は、かれに〝下馬将軍〟の異名をあたえた。その屋敷が、大手門外の下馬札の付近にあったところから、この名が出たが、忠清はまた〝高砂将軍〟ともいわれた。謡の「高砂」に「みな、もるることなし」とあるところから、天下のことは、みな忠清の指図に「もるることなし」に引っかけて、こうよばれたのである。

ここに幕政は、かつての集団指導の体制に代わって、門閥大老政治をむかえることになった。こうした傾向は、すでに寛文中期からあらわれていたが、それが本格化するのは、家綱後期の延宝政治においてであった。

当代初期の承応二（一六五三）年、譜代の名門酒井雅楽頭《うたのかみ》家の嫡子として、三十歳の若さで老中上座となり、青年老中として、当時の幕閣に一陣の新風を吹き込んだ忠清も、閣内にとどまること二十年、延宝元（一六七三）年には、すでに五十歳に達していた。これに対して、老中の稲葉正則（五十一歳）・久世広之（六十五歳）・土屋数直（六十六歳）は、いずれも新参譜代で、老中の在職期間は忠清より短く、三者とも器量人といわれるが、忠清の権力に圧倒されて伴食たるにすぎず、ただ板倉重矩《いたくらしげのり》（五十七歳）だけが忠清に媚びず、阿部忠秋に親んで学問を好んだという。

忠秋、〝下馬将軍〟を叱る

忠秋は、すでに寛文六（一六六六）年、老中を辞していたが、こうした現状をみるにしのびず、忠清および正則・広之・数直の四人を自宅に招き、つぎのように諭した。まず忠清に対し、

「貴殿は近ごろ驕《おご》りはなはだしく、威光があるので、世間では〝下馬将軍〟といっている。これでは将軍が二人いるような印象を与え、上を軽蔑しているようなものだ。昔高師直《こうのもろなお》は尊氏を軽蔑し驕りを極めたが、世間では将軍の名はつけなかった。今貴殿に対して将軍の名をつけ、これがのちのちまで語り伝えられたら、将軍家の御威光が軽かったためであろうと批判される。これは不忠の第一である。

つぎに、諸大名の饗応に応ずるため、さかんに出向いているようであるが、これまたよろしくない。御存知かどうか、諸大名は肴屋や八百屋あるいは菓子屋、そのほか酒屋にいたるまで、貴殿の出入りの商人に頼んで、饗応の品を調えるため、商人は暴利を貪っている。世間では〝雅楽殿餅〟というものを好んでいることを御存知か。近年は火災がしきりにおこって、諸大名は困窮し、家来の知行を借ると称して半知《はんち》を扶持し、もって財政を補っているありさまである。このようなときに、なお諸大名の饗応に応ずるというのは、不忠の第二である。

さらに、小身の旗本は、ことさら困窮していると聞くが、そのような小身ものの饗応に応ずるというのは、いったい何事であるか。これは不忠の第三である。

以上の三つは、将軍のため、大名のため、また家来・百姓・商人のため、一つとして無益のことである。この儀を深く慎むように、もし慎まなければ、この場で刺違えて相果てよう。」

ついで、のこりの三人にむかい、

「只今雅楽頭殿に申した通りである。そもそも雅楽頭殿の家は、先祖より執権職として忠義を尽し、先手をつとめて禄を給わり、何事も一手の大将をつとめてきた。また今日にいたるも、御当家第一の老職である。このような人に対しても、今厳しく申し聞かせた。貴殿ら三人は、家柄において、雅楽頭殿と雲泥の違いがあるのに、同役ということで、同じような思いをめぐらし、驕るというのは、なんという不心得であるか。これからのちは驕りをやめ、大名の饗応に応じないよう心得られよ。」

と諭した。正則・広之・数直は、その場に平伏したが、忠清は、これに対して、

「お話を伺って、驚き入ったしだいでござる。〝下馬将軍〟というのは、今日はじめて聞いたことで、まことに不忠の第一でござる。とかく申すこともござらぬが、自分としては、少しも驕る心はなかったのに、そのはじめ、自分が執権職にくわわったとき、他の御老職が自分を推戴し権威をつけられたので、ついには世の人に重んじられ、心ならずも驕りのようにみえたのでござろう。

つぎに、大名の饗応のことでござるが、これも欲にかられて参っているわけではござらぬ。自分は身に余る大禄を給わっており、その必要はないのでござる。しかるに、再三招きをうけ、これを無下に断わると、かえって心を傷つけると思い、また、一方にいって他方にいかなければ恨まれるので、これまで諸所の招きに応じてきたまででござる。さらにまた、大名の招きに応じ、旗本を断るのは、驕りたるわがままなどと批判されるので、仕方なく応じたのでござる。

只今のお話を伺って、自分の出入りの商人を呼びあつめて、かれらに暴利を貪らせるのは、まこと

に驕りの最たるもので、世間で〝下馬将軍〟と称するのも、至極もっともと存ずる。これからのちは、万事に心をくばり、驕りにみえないよう慎み申そう。」

と答えた。

権勢ふるう忠清

忠清も、家光時代の遺老である忠秋には、一目おいていたようであるが、先に、保科正之が寛文十二（一六七二）年に亡くなり、いままた、忠秋が延宝三（一六七五）年に亡くなると、忠清は、ますます権勢をふるうにいたるのである。こうして、忠清による門閥大老政治が成立した。『便益集』に、忠清を評して、

「忠清雅楽頭は、厳有院様（家綱）の御代の末、大老として世に時めきしが、この人性質愚昧なれば、自身よりかくと申し出したる新規の御仕置とてはなく、ときどき酒井空印（忠勝）・保科肥後守殿（正之）などが仕置きたる通りを、毎年毎年くり返すまでなれば、下々のことなどは、一向に目をつけず（中略）、つねに自分方出入るもののほかには、人もなきごとく思い（中略）、御加増または御役儀仰付らるるも、みな自分に媚び諂うものどもなり。それも一度この人の気に違えば、たちまち改易・閉門など用捨もなく申しつけられしほどに、人々恐れをなして、この人の気に入るようにとのみ勤めたりしほどに、忠清いよいよ我意を振いける間、世人は〝下馬将軍〟とあだ名し」

としている。事実、延宝政治における忠清の治績は、みるべきものがなく、例の〝伊達騒動〟や〝越

後騒動〟にさいしても、優柔不断の態度に終始し、失態を重ねるありさまであった。ところが、これとはうらはらに、かれによって改易・閉門に処せられたものは少なくない。寺社奉行の井上正利は、忠清と調和しなかったので、みずから職を辞し、当時世人から〝下手三味線〟などといわれた。老中の板倉重矩も忠清と馬が合わず孤立していたが、延宝元（一六七三）年の五月には、病いにかかって亡くなった。

では、〝下馬将軍〟の名に代表されるように、忠清が権勢をふるうにいたった理由は、いったいどこにあったのであろうか。家光時代の元老・遺老がことごとく幕閣を去ったのは、大きな理由であった。しかし、その本質は、むしろ当時の政治社会体制そのもののなかにあった。つまり、前述したような徳川一門・譜代大名の取立条件の変化、その根底における大名領国の固定化、その結果としての大名家の家格の固定化↓身分制秩序の確立、いいかえれば、幕藩体制の基礎の確定に対応する幕府権力の体制的確立にあった。

このような体制の確立のうえに、はじめてヒエラルヒーの頂点に立ち、かつ、将軍虚弱という条件とあいまって、門閥大老の専権が発揮できたのである。それはまさに、幕府権力とそれを支える体制が、盤石の重みでできあがったことを証明している。

新門閥、正能と忠朝

幕閣では、板倉重矩の死後、これに代わって、阿部正能《あべまさよし》が老中に就任した。正能は忠秋の養子で、実は阿部政澄《まさずみ》の長男。寛永四（一六二七）年に生まれ、同十五年、一旦祖父正次の領地のうち一万石を分封（上総大多喜）され、のち叔父重次の遺領のうち六千石を分封されたが、承応元（一六五二）年、忠秋の養子となり、寛文十一（一六七一）年、遺領（武蔵忍　九万石）を相続し、延宝元（一六七三）年十二月、老中となった。ときに四十七歳。

正能の老中就任は、もとより忠秋のバックによるものであり、阿部忠秋家は、父子二代にわたって、老中を世襲することになった。幕閣における特定譜代大名家への固定化傾向は、延宝年間に入って、ますます顕著となっていくのであり、かれらは新たな門閥譜代を形成する反面、幕政における固定・守旧化傾向をつよめていくことになった。

阿部家系図

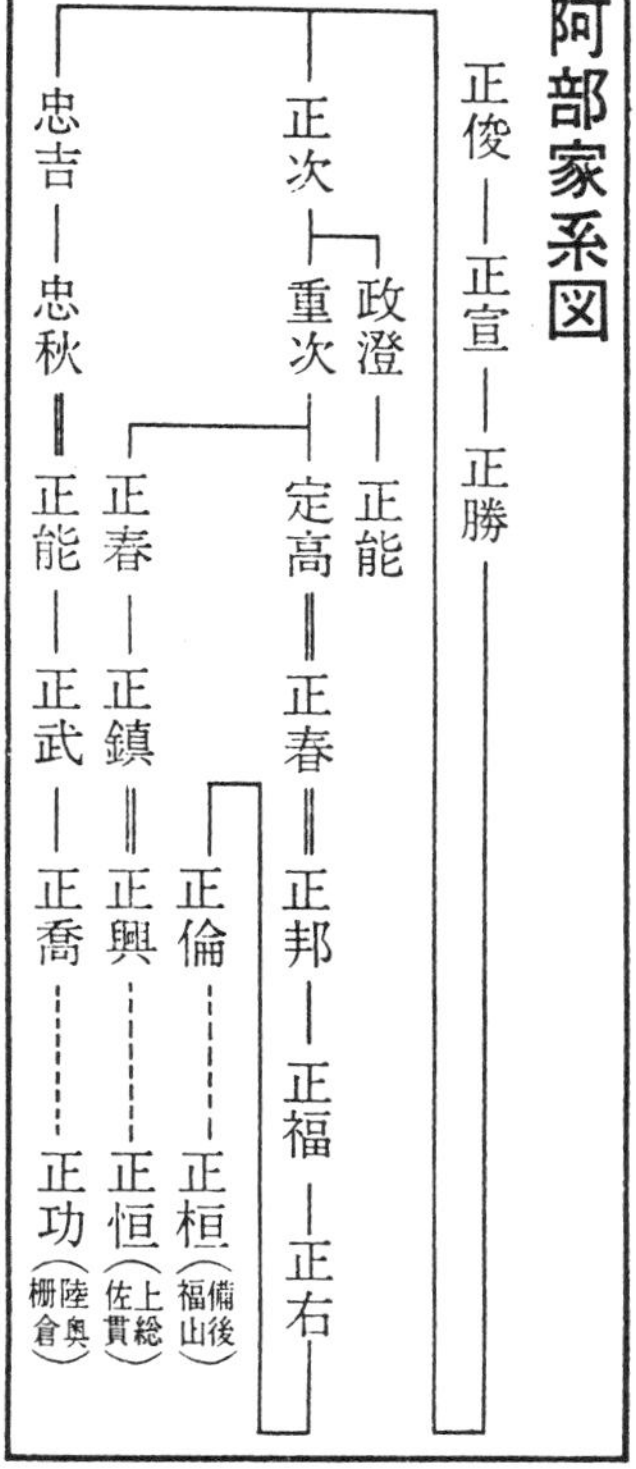

阿部正能は、老中にとどまること三年、忠秋が死んだ翌延宝四（一六七六）年には、老中の職を辞したが、翌五年、かれに代わって、大久保《おおくぼ》忠朝《ただとも》が老中に就任した。忠朝は忠職《ただもと》（肥前唐津八万三千石）の養子で、実

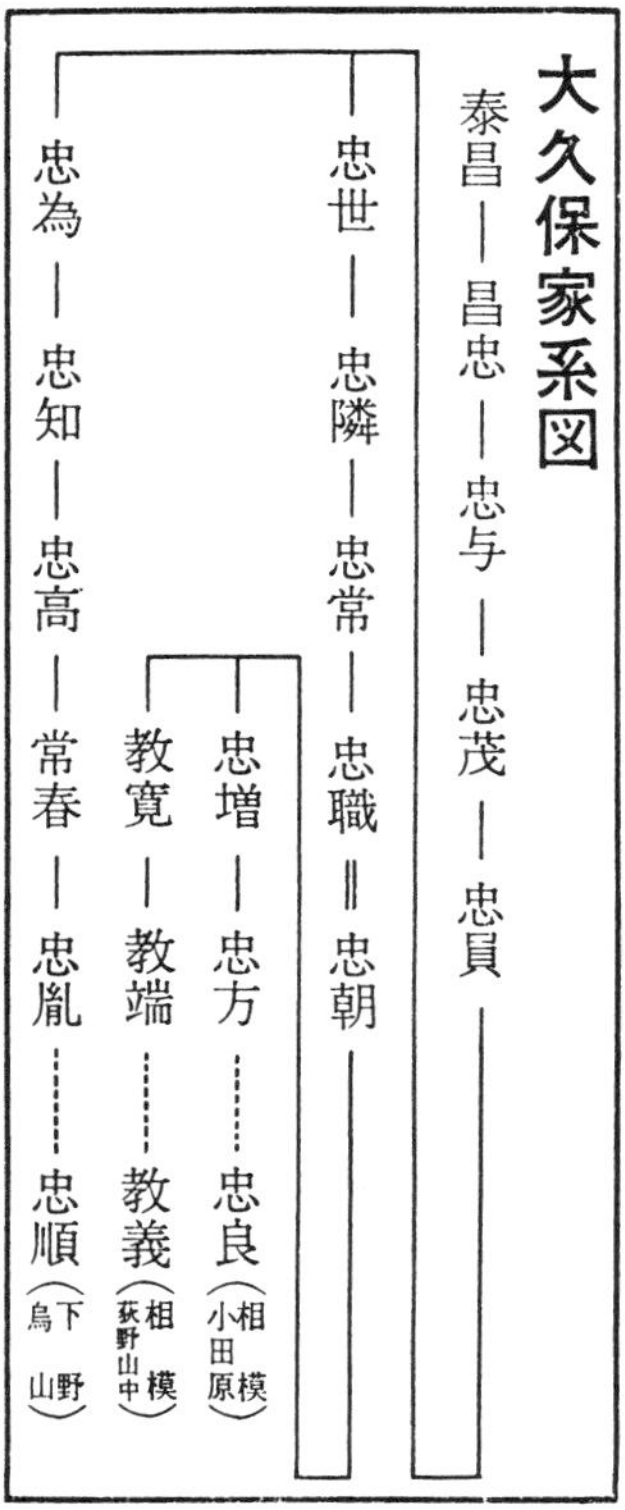

は大久保教隆《のりたか》（忠隣の三男）の次男。寛永九（一六三二）年に生まれ、のち家綱に付属されて小姓となり、万治三（一六六〇）年には小姓組番頭となった。寛文十（一六七〇）年、忠職の養子となって遺領を相続、延宝五年老中就任ののち、翌六年には、肥前唐津から下総佐倉へ転封された。

大久保家は、忠隣《ただちか》の改易ののち、その勢力は後退し、嫡孫の忠職（嫡子忠常は忠隣に先だち死亡）は、武蔵騎西より美濃加納、さらには播磨明石より肥前唐津というように、辺境地帯へと左遷転封された。忠朝は、早くから家綱の小姓をつとめたが、ここに、忠隣の改易後六三年ぶりに幕閣に復帰したのである。ときに忠朝は四十六歳。のち五代将軍綱吉治下の貞享三（一六八六）年には、忠隣の旧領相模小田原に復帰する。

幕閣首脳陣の異動

これより先、延宝四（一六七六）年には、大老の井伊直澄が亡くなり、ここで幕閣の構成は、大老が酒井忠清、老中が稲葉正則・久世広之・土屋数直・大久保忠朝となった。若年寄は変りなく、土井利房・堀田正俊の両名がつとめたが、延宝七（一六七九）年になると、家綱治下最後の幕閣の異動がおこなわれた。

まず、同年四月から六月にかけて、土屋数直と久世広之が亡くなり、代わって七月には、若年寄の土井利房と堀田正俊が老中に昇進した。若年寄には、同じ七月、新たに松平信興《まつだいらのぶおき》と松平乗政《のりまさ》が任じられた。

土井利房は、利勝の四男で、寛永八（一六三一）年生まれ。正保元（一六四四）年、父利勝の遺領のうち一万石を分封（下野足利）され、万治元（一六五八）年には、兄利隆の領地のうち一万石を分封されて、二万石の譜代大名となった。ついで、寛文元（一六六一）年には、奏者番となり、のち若年寄を経て、この年老中となった。この間加増あって四万石、ときに四十九歳。

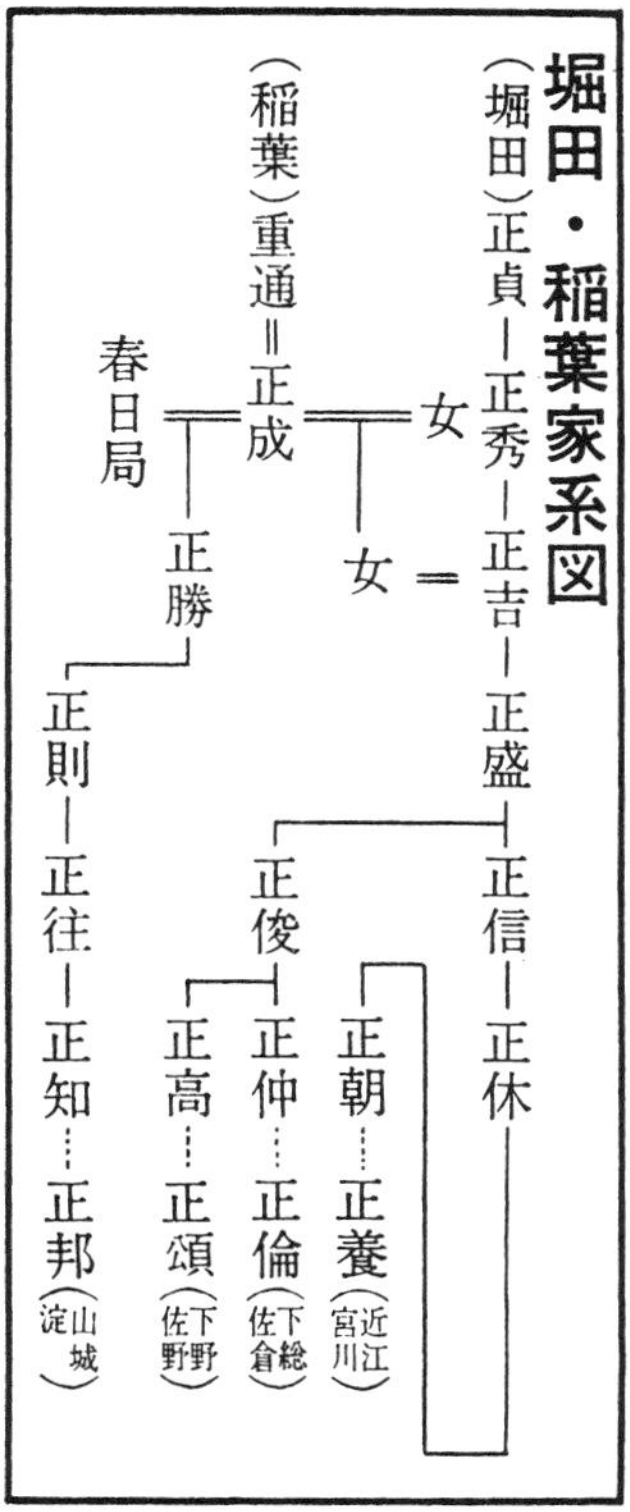

堀田正俊は、正盛の三男

で、寛永十一（一六三四）年生まれ。翌十二年には、春日局《かすがのつぼね》の養子となり、同十八年には、この年出生したばかりの家綱に小姓として付けられた。いわば家綱側近の第一号であり、養母春日局と父正盛の勢力がそのバックにあった。同二十年、春日局の死去にともない、その領地三千石を相続したが、慶安四（一六五一）年には、この年家光に殉死した父正盛の遺領のうち一万石を分封され、一万三千石の譜代大名となった。ついで、万治三（一六六〇）年には、奏者番となり、寛文七（一六六七）年には、七千石加増されて上野安中に封じられ、のち若年寄を経て、この年老中となった。この間加増あって四万石、ときに四十六歳。

このように、正俊家は、正盛の殉死・子正信の改易以降凋落した堀田本家に代わって擡頭し、ふたたび幕閣に復帰して、しだいに勢力を拡大していった。正信の改易は、松平信綱の主張によるとはいえ、その当時から幕閣にあって、これに賛成した酒井忠清との対立は、徐々に深まっていったのである。

若年寄の松平信興は、信綱の五男で、寛永七（一六三〇）年生まれ。同十八年、堀田正俊とともに家綱に付属されて小姓となり、万治三（一六六〇）年には、小姓組番頭にすすみ、この年若年寄となった。一万二千石、ときに五十歳。

松平乗政は、乗寿《のりなが》の次男で、寛永十四（一六三七）年生まれ。父乗寿は、当代初期老中在職三年にして亡くなったが、乗政は、正保元（一六四四）年より家綱に近侍し、のち小姓、寛文二（一六六二）

年には、小姓組番頭にすすみ、この年若年寄となった。一万石、ときに四十三歳。

お手盛政治に批判

こうして、幕閣の構成もかなり変わったが、酒井忠清の門閥大老政治には変わりなく、忠清自身閣内にとどまること、すでに二六年の長きにおよんだ。ついで稲葉正則が二一年。翌延宝八（一六八〇）年一月には、忠清に二万石、正則に一万五千石、大久保忠朝に一万石、それぞれ加増があり、忠清は一五万石（上野厩橋）、正則は一一万石（相模小田原）、忠朝は九万三千石（下総佐倉）となった。この加増に対して、世間では、「世の中の加賀（忠朝）みとならん老中の、美濃（正則）うちばかり加増雅楽《うた》（忠清）てき」と皮肉った。お手盛加増に対して批判を浴びせたのである。忠清の政治は、世間からようやくあきられてきた。

忠清の政治に対する批判の第一弾は、これより先、まず外様大名の池田光政《いけだみつまさ》（備前岡山　三一万五千石）によって放たれた。光政はかれが政治理念とする仁政思想にもとづいて、岡山藩制の基礎づくりにすぐれた手腕を発揮した大名で、性質剛毅・明敏にして厳正、忠清の専権に対して、忌憚のない批判をくわえた建白書を提出した。

まず第一に、将軍は下情に疎く、老中に権力が集中するので、将軍の権威はおち、乱世の基となるから、第一に老中の心得が肝要である、といい、第二に、昔から執権の人々が驕って、天下が乱れた例は少なくないが、今日では、貴殿一人の考えで政治はきまるから、天下の安否は貴殿一人にかかっている、と指摘し、第三に、執権の人々は、よく謙譲の徳を守り、諸人の心服を求めてこそ、はじめて真の威光というべきもので、ただ威をもって服しても、諸人は内心侮り憎むであろう、と注意し、第四に、高慢な態度をすてて、他人の意見をよく聞くように、といましめ、第五に、大名の財力を減らすことを大名統治の基本としているが、これは大失策というべきで、大名が窮乏すれば、万民を誅求し、万民が窮乏すれば、乱心をおこすことになる。長久の大計は、民を安んじ、御代の永続を願うことにある、とたしなめ、第六に、今日大名のなかで財政豊かなものがあっても、幕府の憂いとするに足りない。恐るべきことは、諸国がすべて困窮し、窮民が一揆をおこすことで、もし一揆がおこれば、大名のなかには逆心をおこし、同調するものがでるかも知れない、と警告し、第七に、倹約は、まず幕府から率先実行するように、と主張した。

光政の建白書は、忠清の専権と当時の幕閣の在り方が、大名の目にどのように映じたかを具体的に示しており、とくに重要なのは第五条・第六条の指摘で、幕府は下からの新たな脅威に対して、新しい対策を講ずる必要に迫られていたのである。

将軍継嗣の論争

延宝八（一六八〇）年五月、家綱の病状は急に悪化した。病弱の家綱には子がなく、将軍の世継ぎ問題が、急にクローズ・アップされてきた。徳川一門をはじめ幕閣首脳はよりあつまって、対策を協議した。まず、酒井忠清が発言し、

「鎌倉幕府の先例にならって、京都から有栖川宮幸仁親王を迎えて将軍としよう。」

と提案した。一座のものも、これに同意したが、堀田正俊だけが反対し、

「正しき御血統の御一門をすてて、どうして他から将軍を迎えることができようか。」

と言葉はげしく主張したので、一座のものも、これを認めざるをえなかった。こうして、家光の四男綱吉（上野館林　二五万石）が五代将軍に迎えられることになった。

以上は『徳川実紀』が記すところであるが、忠清が宮将軍を迎えようとした理由については、そのころ、側室の一人が懐妊しており、もし男子であれば、それを世継ぎにしようとして、一時的に宮将軍を迎えようと考えたためである、と記している。また『西山遺事』は、綱吉が将軍に決定したのは、徳川光圀のすすめである、としている。

ともあれ、忠清の宮将軍説は、抹殺すべき根拠もない代わりに、確実性も乏しい、というのが真相のようであり、『徳川実紀』も、「世に伝うる所は」として、先の逸話を挿入している。もしそれが事実としても、家光直系の甲府・館林の両一門、および御三家が厳然として存在するかぎり、それは実現すべくもなかった。

〝下馬将軍〟失脚の日

この月の八日、家綱は四十歳で亡くなり、綱吉が五代将軍に就任した。綱吉は、徳川家はじめての養子将軍であるだけに、みずからの専制体制を確立する必要に迫られた。そして、それを推進する力

として、忠清と対立を深めていた堀田正俊がえらばれた。新将軍綱吉・正俊と門閥大老忠清との衝突は、避けられない情勢となった。

同じ年の十二月、忠清は綱吉の前によび出されて、「折々出仕して、ゆるゆる養生せよ」と申しわたされた。大老失脚の日が訪れてきたのである。ついで、一ヵ月後（天和元年正月）には、大手門前の忠清の屋敷は取上げられ、正俊にあたえられた。さらに一ヵ月後には、忠清は致仕し、その後三ヵ月もすぎない五月十九日に、五十八歳で亡くなった。これより先、稲葉正則は老中の職を辞し、土井利房も天和元（一六八一）年二月、老中より去った。

こうして、忠清の門閥大老政治下において、停滞した幕閣の権力構成は、新将軍の就任を契機に、大きく変化した。綱吉は、将軍専制体制を確立するため、忠清とその一党を排除した。それを正当化する手段が前述した宮将軍説とみられないこともない。正俊は、天和元年二月、上野安中から下総古河に転封されて、一挙に五万石加増となり、同年十二月には、大老に昇進した。忠清にとって代わったのである。また同年中、阿部正能の嫡子正武《まさたけ》（武蔵忍　八万石）、および戸田《とだ》忠能《ただよし》の嫡子忠昌《ただまさ》（武蔵岩槻　五万一千石）が新たに老中に就任した。

ここに、新将軍のもと、新たな幕閣の権力構成ができあがり、諸般にわたる幕政の刷新が断行されていく。江戸幕政史上、幕閣も新しい段階をむかえたのである。

参考文献

〔編著書〕

幕閣に関して、直接論じたものは、

『江戸幕府』上下　北島正元編　昭和三十九年　人物往来社

がある程度で、本書は、初期から幕末まで、幕閣関係の主要人物の事績を中心に叙述している。

これまでの多くの著書は、幕閣を江戸時代制度史あるいは政治史の一環として把握し叙述する立場をとっており、そのようなものとして、つぎのような著書がある。

『徳川十五代史』一二巻　内藤耻叟著　明治二十五〜二十六年　博文館
『江戸時代制度の研究』上　松平太郎著　大正八年　武家制度研究会
＊昭和三十九年「校訂 江戸時代制度の研究」（柏書房）として、覆刻された。
『徳川時代史』上下　（『日本時代史』九・一〇巻）池田晃淵著　昭和二年　早大出版部
『江戸時代史』上三巻　（『綜合日本史大系』一七・一八・一九巻）栗田元次著　昭和二年　内外書籍株式会社
『近世政治史』　吉村宮男著　昭和十一年　内外書籍株式会社
『江戸時代史』上下　三上参次著　昭和十八〜十九年　冨山房
＊本書は発行はおそいが、実際は明治三十六年前後から書きはじめられている。

『幕藩体制史の研究』　藤野保著　昭和三十六年　吉川弘文館
『江戸幕府の権力構造』　北島正元著　昭和三十九年　岩波書店
内藤氏のものは、江戸時代の通史を知るのに便利であり、幕閣関係の主要人物についても、その系譜と事績を述べている。松平氏のものは、幕閣関係の制度を中心に述べたもので、江戸幕府の機構に関しては、もっとも詳しい本である。三上・栗田両氏のものは、江戸時代通史の骨格をつくりあげた基本的著書で、幕閣関係の主要人物についても、それぞれその事績を述べ人物評をおこなっている。藤野と北島氏のものは、戦後の江戸幕府に関する代表的著書で、それぞれ新しい観点から叙述しているが、幕閣に関しては、とくに後者が詳しい。
『新訂 幕藩体制史の研究』　藤野保著　昭和五十年　吉川弘文館
〔史料〕
幕閣に関してのこれまでの研究は、概して少なく、より詳しく知るためには、直接史料にあたることが望ましい。今日まで刊行された史料のうち、主なものを挙げると、つぎの通りである。
『徳川実紀《とくがわじつき》』（『新訂増補 国史大系』三八～四七巻）
大学頭林衡（述斎）総裁のもとに、成島司直が撰述した江戸幕府の正史。徳川家康から十代将軍家治までの歴代将軍の事績を詳述している。幕閣ばかりでなく、江戸時代を知るうえでの基本史料である。一一代将軍家斉以降に関しては、『続徳川実紀』（『新訂増補 国史大系』四八～五二巻）がある。正・続ともに吉川弘文館から覆刻。
『当代記《とうだいき》』（『史籍雑纂』第二）

著者不詳。江戸幕府成立前後の政治上の事績を伝えており、『駿府記』とともに、江戸時代初期の重要史料である。

『駿府記《すんぷき》』（『史籍雑纂』第二）

後藤庄三郎（光次）著ともいわれる。家康が駿府に隠退したのちの政治情勢や幕閣要人の動きを知るについての重要史料である。

『寛政重修諸家譜《かんせいちょうしゅうしょかふ》』

若年寄堀田正敦を総裁とし、屋代弘賢・林衡など六〇余人をもって編纂した諸大名・旗本の系譜。幕閣ばかりでなく、諸大名・旗本の系譜・事績を知るうえでの基本史料である。続群書類従完成会から覆刻。

『藩翰譜《はんかんぷ》』（『新井白石全集』第一）

新井白石編。諸大名の系譜・事績を記述したものであるが、随所に逸話を挿入しており、利用価値は高い。

『武野燭談《ぶやしょくだん》』（『国史叢書』第二期）

著書不詳。江戸時代初期の将軍・大名・旗本などの事績・言行を書留めたもの。『明良洪範』とともに、幕閣要人を知るうえでの貴重史料である。

『明良洪範《めいりょうこうはん》』（『国書刊行会叢書』第二期）

幕臣真田増誉の著といわれる。江戸時代初期の名将や家臣の事績・言行を、年月順をおわずに集録したもの。

『林氏意見《はやししいけん》』（『改定史籍集覧』一七冊）

林春斎著。江戸時代初期の幕閣要人を列挙して、その人物・政事を評したもの。幕閣を知るには、もっとも簡潔で要領をえた貴重史料である。

『本光国師日記《ほんこうこくしにっき》』（『大日本仏教全書』一三八〜一四二巻）

金地院崇伝著。駿府の黒幕政治家崇伝の日記。江戸幕府草創期の大小事件を記述しており、崇伝の政治的地位からして、江戸幕府初期の政治史を知るうえでの重要史料である。

『柳営補任《りゅうえいぶにん》』

幕臣根岸衛奮著。江戸幕府全役人の補任を集大成したもので、職名別に人名を挙げ、その任免・昇進・異動を記述している。幕閣要人の異動を知るのに大変便利である。「大日本近世史料」として東大出版会から刊行。

そのほか、江戸幕府の法令を収録したものとして、

『徳川禁令考《とくがわきんれいこう》』

『御触書集成《おふれがきしゅうせい》』

『御当家令条《ごとうけれいじょう》』

などがあり、これらの法令集は、江戸幕府の基本政策を知るうえで重要であるばかりでなく、幕閣要人の誰がどの法令の発布に関連したかを知るうえで重要史料となるものである。

以上の参考文献は、本書にちなんで、江戸時代初期のものに限定したことを断わっておきたい。

幕閣関係略年表

西暦	年号	事項
一五四二	天文一一	家康、広忠の嫡子として三河に生まれる。
一五四七	一六	家康の人質生活はじまる。
一五六〇	永禄三	桶狭間の合戦。家康、人質生活から解放され岡崎に帰る。
一五六一	四	家康、信長と同盟を結び、三河の平定に着手する。
一五六三	六	三河の一向一揆おこる。
一五六四	七	一向一揆を平定し、三河を統一する。酒井忠次・石川家成を組頭とし、東西三河の諸士を分属させる。
一五六五	八	高力清長・本多重次・天野康景を岡崎三奉行に任命する。
一五六六	九	家康、従五位下、三河守に任じられ、松平姓を徳川姓に改める。
一五六八	一一	信長、足利義昭を奉じて入京。家康、遠江の平定に着手する。
一五六九	一二	家康、遠江をほぼ平定する。
一五七〇	元亀元	居城を岡崎から浜松に移す。家康、信長とともに朝倉義景・浅井長政を姉川にやぶる（姉川の合戦）。
一五七一	二	武田信玄、遠江・三河に侵入する。
一五七二	三	信玄、西上の途につき大軍をひきいて遠江・三河に侵入。家康、これを三方原にむかえうち大敗する（三方原の合戦）。
一五七三	天正元	信玄病死し、子勝頼と家康の対立つづく。

一五七五	三	勝頼、三河に侵入。家康、信長の援をえて、これを長篠城外にうち大勝する（長篠の合戦）。
一五七九	七	家康の三男秀忠生まれる。
一五八一	九	家康、高天神城の攻略に成功し、遠江を平定する。
一五八二	一〇	家康、信長の武田攻撃戦に参加し、論功行賞の一環として駿河を与えられる。本能寺の変おこり、家康、堺から急遽三河に帰る。秀吉、明智光秀を山崎にやぶる（山崎の合戦）。家康、この年より翌年にかけて、甲斐・信濃の経略に力をそそぐ。平岩親吉を甲斐郡代に任じ、以下両職・四奉行をおく。
一五八三	一一	家康、この年までに三河・遠江・駿河・甲斐・南信濃の五ヵ国を領有する。
一五八四	一二	家康、織田信雄と結び、秀吉と小牧・長久手に戦う（小牧・長久手の役）。
一五八五	一三	秀吉、関白となる。石川数正、大阪に出奔する。家康、軍制を改革し、侍大将を八名に増員する。
一五八六	一四	秀吉との和議成立。居城を浜松から駿府に移す。秀吉、太政大臣となり豊臣姓を賜わる。
一五八七	一五	秀吉、九州を平定し、バテレン追放令を公布する。
一五八九	一七	家康、七ヵ条の「定書」を公布し、翌年にかけて五ヵ国総検地をおこなう。このとき、伊奈忠次らは検地奉行として活躍する。
一五九〇	一八	秀吉、小田原の北条氏を降し、奥羽を平定する。家康、五ヵ国から関東に転封を命じられ、江戸に移る。関東入国後、家臣団の知行割りとともに、江戸の町づくりに着手する。板倉勝重を江戸の町奉行に任命する。この年より翌年にかけて徳川検地をおこない、新しい村づくりをはじめる。
一五九二	文禄 元	秀吉、諸大名に朝鮮出兵を命ずる（文禄の役）。家康、肥前名護屋に赴く。
一五九三	二	大久保忠隣、秀忠の老職となる。
一五九五	四	家康、前田利家・宇喜多秀家・毛利輝元・小早川隆景とともに、五大老に任命される。
一五九七	慶長 二	秀吉、諸大名に朝鮮再出兵を命ずる（慶長の役）。

一五九八	三	秀吉没する。五大老・五奉行間で、秀吉の意思を尊重し、忠誠を誓う起請文を交換する。
一六〇〇	五	家康、会津の上杉景勝征討にむかう。石田三成らの挙兵を知り、西征の途につく。関ヶ原の役おこる。家康、大勝し覇権を確立する。直ちに戦後処理をおこない、外様大名の大規模な改易・減転封をはじめる。この年、主要都市・鉱山の直轄化を開始する。
一六〇一	六	東海道・中山道に伝馬制度を定める。金銀制度を確立し、金貨および銀貨の鋳造をはじめる。板倉勝重を京都所司代に任命する。
一六〇二	七	井伊直政没する。
一六〇三	八	家康、征夷大将軍に任じられ、江戸に幕府を開く。諸大名に江戸市街の拡張工事を命ずる。関東総奉行青山忠成・内藤清成の連署で、関東公私領の農民に対し「定書」を公布する。小笠原一庵を長崎奉行に任命する。
一六〇四	九	東海・中山・奥羽・北陸の諸街道を修理し、一里塚を築く。糸割符法を定める。江戸城の普請計画を発表し、西国の外様大名を中心に、石船調達の課役を命ずる。秀忠の長男家光生まれる。
一六〇五	一〇	家康、将軍職を秀忠にゆずる。
一六〇六	一一	西国の外様大名に命じ、江戸城の大増築工事をはじめる。榊原康政没する。
一六〇七	一二	東国の外様大名に命じ、江戸城の増築工面を続行。家康、駿府に隠退する。家康の九男義直、尾張に移さる（尾張徳川家の成立）。
一六〇八	一三	永楽銭の通用を禁止し、貨幣の交換割合を定める。
一六〇九	一四	オランダ商館の平戸開設をゆるす。マードレ－デ－デウス号事件おこる。家康の一一男頼房、水戸に移さる（水戸徳川家の成立）。この年、松平正綱、幕府の財政・会計の任にあたる。
一六一〇	一五	土井利勝、老職となる。本多忠勝没する。
一六一一	一六	家康、二条城で秀頼と会見する。在京の諸大名から三ヵ条の誓書を提出させる。
一六一二	一七	岡本大八事件おこる。幕府の直轄都市を中心に禁教令を公布する。金地院崇伝、京都所司代の板倉勝重とともに、寺社行政を担当する。

一六一三		一八	大久保長安事件・馬場八左衛門の直訴事件おこる。イギリス商館の平戸開設をゆるす。
一六一四		一九	大久保忠隣、改易される。家康、江戸系政治家八名から誓書を提出させる。京都方広寺大仏殿の開眼供養の延期を命ずる。豊臣氏の征討を決意、宣戦を布告する（大阪冬の陣）。軍役規定を定め、諸大名に動員令を下す。豊臣氏との講和成立。
一六一五	元和	元	講和決裂し、ふたたび戦端開かれる（大阪夏の陣）。軍役規定を改正する。秀頼自殺し、豊臣氏滅亡する（元和偃武）。一国一城令を公布する。武家諸法度・禁中並公家諸法度を公布する。諸寺院法度を公布する。
一六一六		二	家康、太政大臣に任じられる。四月没する（七十五歳）。六月本多正信没する。五〇〇石から一万石を対象に、大阪夏の陣と同じ内容をもつ軍役規定を明文化する。松平忠輝（越後高田）、改易される。イギリス・オランダ両国の貿易港を長崎・平戸の二港に限定する。
一六一七		三	家康の遺骸を日光山に改葬する。
一六一九		五	福島正則（安芸広島）、改易される。大阪を直轄都市とし、大阪城代を設置する。家康の一〇男頼宣、紀伊に移さる（紀伊徳川家の成立）。
一六二〇		六	東国大名に命じ、江戸城の本丸・北丸の修築工事をおこなう。
一六二二		八	本多正純、改易される。
一六二三		九	大奥法度を定める。松平忠直（越前福井）、改易される。家光、将軍職をつぐ。イギリス、平戸商館を閉鎖する。
一六二四	寛永	元	秀忠、西丸に移る。このとき土井利勝・井上正就・永井尚政らは西丸老職となる。家光、本丸に移る。酒井忠勝、本丸老職となる。
一六二五		二	江戸市中の旗本の屋敷割りをおこなう。天海、忍岡に東叡山寛永寺を創建する。
一六二七		四	紫衣事件おこる。沢庵・玉室ら処分される。
一六二八		五	旗本従者の員数を定める。井上正就、暗殺される。
一六二九		六	武家諸法度を改訂する。踏絵の令を公布する。

一六三一	八	徳川忠長（駿河府中）、甲斐蟄居を命じられる。奉書船の制を設ける。加々爪忠澄・堀直之の両名を江戸の町奉行に任命、これより二名の旗本役となり、南北両奉行所に分かれる。この年、糸割符法を改正し、新たに江戸・大阪を加え、五ヵ所糸割符制とする。西国大名に対する分国糸の配分を定める。糸割符法を中国船の生糸にも適用する。
一六三二	九	秀忠没する（五十四歳）。老職森川重俊、殉死する。加藤忠広（肥後熊本）・徳川忠長、改易される。諸士法度を公布する。大目付を設置する。
一六三三	一〇	諸国巡検使の分国を定める。金地院崇伝没する。地方直しおこなわれる（寛永の地方直し）。一千石から一〇万石、二〇〇石から九〇〇石を対象に軍役規定を明文化する。第一次鎖国令を公布する。松平信綱ら六人衆＝若年寄に任命される。
一六三四	一一	老中・若年寄の職掌を定める。第二次鎖国令を公布する。譜代大名の妻子を江戸に移す。江戸城の西丸炎上、酒井忠世、家光の勘気をうく。
一六三五	一二	中国船の入港地を長崎に限る。第三次鎖国令を公布し、日本船の海外渡航および海外在留日本人の帰国を一切禁止する。武家諸法度の改訂をおこない、参勤交代を制度化する。松平信綱・阿部忠秋・堀田正盛、連署の列（老中）に加わる。土井利隆ら若年寄となる。寺社奉行を設置する。老中・若年寄以下、諸有司の職掌を定める。評定所の条令を定める。諸士法度を改訂する。
一六三六	一三	酒井忠世没する。第四次鎖国令を公布する。長崎の出島完成し、ポルトガル人を強制移住させる。この年、江戸城の内郭・外郭ともに完成する。
一六三七	一四	島原の乱おこる。板倉重昌・松平信綱を島原に派遣する。
一六三八	一五	板倉重昌、原城攻撃において戦死。島原の乱鎮定にむかう。堀田正盛、老中の職をとかれる。土井利勝・酒井忠勝、大老となる。阿部重次、老中となる。太田資宗ら若年寄から奏者番に移る。
一六三九	一六	ジャガタラ追放をおこなう。第五次鎖国令を公布し、ポルトガル船の来航を禁止する。旗本窮

		乏の原因を調査する。
一六四〇	一七	大名・旗本に倹約令を出す。
一六四一	一八	オランダ商館を平戸から長崎の出島に移し、糸割符制下にくみ込む（鎖国体制の完成）。家光の長男家綱生まれる。
一六四二	一九	大飢饉の惨状、頂点に達する（寛永の大飢饉）。諸大名に農民の救済を命ずる。旗本に知行地農民の救済を命ずる。参勤交代制に改正を加える。郷村諸法度を公布し、農民に各種の制限を加える。勘定奉行、制度として成立。伊奈忠治に関東諸代官の支配を命ずる。番士の家督制を定める。
一六四三	二〇	勘定奉行四名の連署で土民仕置覚を公布し、田畑の永代売買を禁止する。春日局没する。天海没する。
一六四四	正保元	代官の勤方条目を定める。土井利勝没する。この年老臣会議、頻繁に開催される。
一六四六	三	農民の訴訟規則を定める。
一六四九	慶安二	若年寄の職掌、老中に移される。慶安の御触書および慶安検地条令を公布する。軍役規定を改訂する。
一六五〇	三	西丸法度を公布する。家光、家綱を世子と定める。
一六五一	四	家光没する（四十八歳）。阿部重次・堀田正盛、殉死する。保科正之、家光の遺命によって家綱の補佐となる。松平定政事件おこる。由井正雪ら謀反をくわだてる。家綱、将軍となる。幕閣首脳、牢人問題を協議する。牢人の江戸追放を中止し、末期養子制を緩和する。
一六五二	承応元	別木庄左衛門ら謀反をくわだてる。江戸市中の牢人を調査する。
一六五三	二	家綱の御側衆専任をおく。酒井忠清を老中（上座）とする。
一六五五	明暦元	糸割符法を改正し、相対貿易に改める。
一六五六	二	酒井忠勝、大老の職を辞す。
一六五七	三	江戸大火（明暦の大火）。

一六五八	万治 元	稲葉正則、老中となる。
一六五九	二	井伊直孝没する。幕臣の入番制を定める。
一六六〇	三	堀田正信事件おこる。
一六六一	寛文 元	家光の二男徳川綱重、甲斐甲府に封じられる（甲府徳川家）。同四男徳川綱吉、上野館林に封じられる（館林徳川家）。
一六六二	二	若年寄再置され、久世広之・土屋数直を任命する。老中・若年寄の所管がきめられる。松平信綱没する。酒井忠勝没する。
一六六三	三	榊原忠次、井伊直孝に代わって元老となる。武家諸法度の改訂をおこなう。殉死を禁止する。久世広之、老中となる。
一六六四	四	老中の連署制を改め、大事は連署し、小事は月番一名の署名とする。諸大名に領地判物を与える（寛文の朱印改め）。
一六六五	五	旗本の困窮事情を調査し、番方の諸士に対して勤務手当を支給する。証人制を廃止する。
一六六六	六	酒井忠清・阿部忠秋、老中の職を辞し、忠清は大老となる（大老の職制は、このとき制度として成立）。一万石以下の従者教を削減する。役料制を実施する。
一六六七	七	番士の具足改めを命ずる。
一六六八	八	諸国の特産物の津留および枡を調査する。この年前後、関東幕領の総検地をおこなう（寛文の総検地）。井伊直澄、大老となる。
一六六九	九	保科正之致仕す。
一六七〇	一〇	巡見使を関東一帯に派遣する。
一六七一	一一	家綱、巡見使を引見し、関東各地の政治・民情を下問する。阿部忠秋致仕す。
一六七二	一二	長崎貿易に相対売買を禁じ、市法売買を命ずる。保科正之没する。
一六七三	延宝 元	分地制限令を公布する。阿部正能、老中となる。
一六七五	三	前年につづき諸国飢饉。阿部忠秋没する。

一六七七	五	大久保忠朝、老中となる。
一六七八	六	この年前後、畿内および近国幕領の総検地をおこなう（延宝の総検地）。
一六七九	七	土屋数直・久世広之没し、代わって土井利房・堀田正俊、老中となる。
一六八〇	八	家綱の病状悪化、綱吉を継嗣とし、ついで家綱没する（四十歳）。綱吉、将軍となる。酒井忠清、大老罷免。綱吉、翌年堀田正俊を大老とし、幕政の刷新にたちむかう。

藤野保『徳川幕閣』を読む

高野信治

徳川領国形成と幕閣の前提

主題の徳川幕閣は、大老、老職・老中、若年寄や京都所司代などと制度化されていく封建官僚制の上層部で構成されるが、徳川氏の一門・譜代家臣層からなる側近・出頭人で、世襲的な側面も強く、軍事職制としての番方《ばんかた》が行政的な役方《やくかた》と不可分に結びつく特徴をもった。

本書は、徳川幕閣の歴史的推移をみる前提として、徳川氏のおこりと松平一族、また三河時代の譜代家臣形成や政治組織の特徴の話から始まる。三河一向一揆の鎮圧を経て、当主家康（松平姓）が、三河武士団の惣領的な立場から「領国の専制支配者」へかわって全三河の統一を果たし、最古参譜代酒井氏の忠次《ただつぐ》と石川家成《いえなり》（のちに数正《かずまさ》）を中心に軍制を整えるとともに、民政・訴訟を司る三奉行

（高力清長《こうりききよなが》・本多重次《ほんだしげつぐ》・天野康景《あまのやすかげ》）をもうけて、軍政と民政とが相応に分化した。しかし、酒井と石川が家老兼務で番方の組頭も兼ねていたところに、番方の組織が役方の組織と不可分に結びつく政治組織の性格がみえる。

近世の政治組織は戦闘者としての本質を持つ武家領主から編成されるので、かかる特性を近世初めの段階では強く持つ。それは徳川氏（一五六五年に改姓）も同様であり、本書は家臣団の展開を「譜代武功派」の形成と捉え、忠次・数正に続く本多忠勝《ただかつ》・榊原康政《さかきばらやすまさ》・大久保忠世《ただよ》や井伊直政《いいなおまさ》などが頭角をあらわす過程をトレースする。加えて領国拡大（五ヵ国）のなかで民政組織が整備され、代官の伊《い》奈《な》忠次《ただつぐ》・大久保長安《ながやす》が登場する。

一五九〇年、滅ぼされた北条氏の旧領関東六ヵ国への転封は、豊臣秀吉による大名統制策の一環だが、それを機に直轄領設置と徳川一門・譜代層の家臣配置を行う。これは、その後の親藩・譜代大名の取り立て、直属家臣団・旗本の形成、徳川氏と譜代大名の関係などの原型とされ、関東領国の組織づくりを幕藩体制の前提として本書は捉える。そして譜代上層が徳川政治の中枢に参加するしくみは、関ヶ原合戦後、メンバーは変化しつつも、譜代大名の幕政参加につながり、それは徳川幕閣形成の素地ともなった。

そのようななか、石川数正の出奔や大久保忠世の子・忠隣《ただちか》と帰り新参譜代である本多正信《まさのぶ》の対立のごとき家臣層の矛盾がみられるも、江戸の町作りを背景とする茶屋四郎次郎《ちややしろうじろう》や後藤庄三郎など豪商取り立てや村づくりに役割を果たす前述の伊奈・大久保など代官層の活躍、かかる武功派武将とは異質な階層も核にして徳川政治は行われ、幕政に引き継がれる。やがて関ヶ原合戦後に武功派の有力譜代大名が、征服地の領地経営に専念し徳川政治の中枢より離れていったことは、譜代武功派が徳川政治の中枢から離れることを促した。

徳川幕閣の展開と幕政

著者は、側近政治、老中政治の展開、官僚政治への推移、との段階を設定してそれぞれを家康・秀忠、家光、家綱の時代に措定、幕政の推移を捉えようとする。

秀忠に将軍職を譲るも、大御所として駿府にあり全国統治政権者として君臨した家康の側近は、多彩な顔ぶれだが、これら側近層の筆頭は、武功譜代を代表する大久保忠隣と対立しこれを失脚させた本多正信の子・正純《まさずみ》であり、初期幕政に重要な位置を占め権勢をふるう本多父子が武功派に代わる吏僚派の典型と、著者は位置づける。もっとも江戸の秀忠側近層は本多父子への反感を高め、家康は忠隣改易ののち、幕府内の動揺を防ぐために誓紙を出させた。その署名者八名が就く職制は、のちの老中、若年寄、江戸町奉行であり、すでに幕政中枢部の機構が形成されつつあると指摘する。

大坂夏の陣（一六一五年）の翌年、家康と「側近第一号」である本多正信の死去により、関東を中心としていた秀忠の将軍政治は新たな段階を迎え、秀忠側近が幕政の中心勢力となる。老職（年寄）にあった本多正純は失脚し、ともにその職にあった酒井忠世《ただよ》（酒井雅楽頭《うたのかみ》家）や土井利勝《としかつ》を軸に、譜代勢力により占められた秀忠側近たちは、小姓組番頭（将軍の親衛隊長）から譜代大名取り立てを経て老職（のちの老中）へというルールのもと、幕閣の地位に就く。つまり個人的信任のみならず機構を踏まえた側近と著者はみる。

父秀忠と違い、「生まれながらの将軍」である家光の時代、制度的な権限を持つようになった老中・若年寄やその上にある大老などを首班とした幕閣の組織が、大御所・秀忠死後、寛永十年代（一六三三～）に整えられる。土井利勝・酒井忠勝（忠利系酒井家）は大老に押し上げられ、松平信綱・阿部忠秋などの若い側近層が老中・若年寄に結集する。ただ、大老は常置の職ではなく若年寄も制度として未熟のなか、老中の権限と機能がとくに強力、広汎となり、信綱・忠秋などが江戸周辺の譜代藩領に集中的に配置（武蔵の川越・忍《おし》など）されたことでさらにその傾向は強まった。このような動きを背景とした老中政治の展開は、大御所側近の多彩な政治ブレーンによる初期幕政の終結を意味した。しかし、井伊直政の子で門閥譜代の武功派といえる井伊直孝《なおたか》が老中政治のなかで元老的役割を果たし、かかる武功譜代の価値観も幕閣内には包摂されていた。一方、寺社奉行・町奉行・勘定奉行の三奉行制が整えられ、郡代・代官による地方支配制度が確立していく。そして、禁教と貿易統制を柱とする鎖国政策や内外戦争がないなかでの武装に備えた軍役規定など、重要な政策が打ち出されていった。

このように、老中政治のもと、積極的に幕藩制の基礎をつくっていった家光は、長男家綱を世子と定めた翌年、一六五一年に亡くなる。これまでは大御所（前将軍）が没すると、新将軍の側近に実権が移り、そのなかから老中・若年寄があらわれて、幕閣を構成していたが、十一歳で四代将軍に就いた家綱の周囲には、その組織は未成立だ。そこで一門・老中などによる集団指導体制が展開する。大老の酒井忠勝、老中の松平信綱・阿部忠秋は幕閣にとどまり、井伊直孝も元老として臨み続けたが、秀忠の子・保科正之《ほしなまさゆき》が家綱補佐となった。また家光側近グループから家綱の新たな側近層（久世広之《くぜひろゆき》・内藤忠清など）も形成されるが、漸次台頭するのが、酒井忠世を祖父とする酒井忠清である。

この間、旗本の窮乏が進行し、防御・保守を第一とする幕閣首脳への批判が高まる。所領返上による旗本救済を訴えた家門（久松松平《ひさまつ》）の出自を持つ松平定政《さだまさ》の剃髪事件、大名の改易・転封など武断主義的政策への批判を背景とする牢人・由井正雪《ゆいしょうせつ》などの倒幕計画、家光に殉死した堀田正盛《ほったまさもり》の嫡子・正信《まさのぶ》による旗本窮乏批判などが、象徴的である。これらを契機に、幕府は大名に対する改易緩和と証人制（人質差し出し）の廃止などの政策で大名統制を緩め牢人発生を抑止、役料《やくりょう》創設により旗本窮乏への対応とした。

勤務手当の設定ともいえる役料は幕府職制に封建官僚制の特徴を与えたが、これは老中と若年寄の職掌の明確化、大老の制度化、幕政執行の立場からの譜代大名の行政的な転封などとともに、家綱期に官僚政治が進んだ証左とみる。また改易減少は外様大名領の固定化を生んだ。著者がいう幕藩体制は、官僚政治の形成のなか、鎖国の固定化による大坂中心の全国市場につながることが、御恩（領地拝領）と奉公（軍役負担）による自らの再生産を可能にする手段となった大名の藩政改革、また関東・畿内の幕領における農民一元支配のための寛文・延宝検地や農政官僚の誕生などで、完成の域に達する。

先述の酒井忠清は、かかる政治過程で大老に就任し集団指導体制から門閥大老政治を行う。大名・池田光政《いけだみつまさ》などから忠清の専権と当時の幕閣のあり方に批判もなされたが、門閥大老の専権発揮が可能であったのは幕府権力の体制確立ゆえ、と著者は評価した。

本書をめぐって

本書の著者は、世界の封建王政において類をみない強力な徳川幕府、というビジョンから、大名に対する転封（国替え）・改易（大名取り潰し）を軸とした統制権を見据える独自の幕藩制領国論を展開した。かかる著者による強大な徳川幕府権力論を背景に、本書は将軍の側近政治家の群像を介し、みてきたようなかれらの多彩な行動や権力・派閥抗争の分析を通じ、幕府権力の確立を追う。「幕府を担った最高の為政者」と定義する「徳川幕閣」をテーマとした本書は著者唯一の文庫本で、一般向けながら、徳川幕府権力形成の通史としての意欲作だろう。戦前より行われてきた幕府政治史・制度史研究が、戦後の農村史・藩政史研究の展開のなかで主流となった経済現象から政治史（幕藩政史）を考える動向により、事実上進展していないとの「まえがき」に記す自覚からも、それがうかがえる。「幕閣」は史料表現ではなく、定義はあいまいな印象もうける。もっとも、かかる概念を用いて幕政の推移を段階的に捉え、人物史を制度史と政治史の次元で論じることを本書は目指した。幕閣構成者を示す各段階での図（家康・秀忠二元政治期、家光将軍就任時、寛永政治期、酒井忠清時代）は、初期幕政史を俯瞰的に捉えるツールとなろう。随時のエピソードの付記は読者による人物の具体的イメージ喚起を助ける。

もっとも、「徳川実紀」など編纂史料が叙述の基本なので、その虚実検証は必要だろう。また現在の研究水準からは、慶安御触書の存否など再考すべきこともある。もっとも気になるのは、改易転封論による強大な幕府権力の形成過程、との視点が本書を成り立たせていることだ。大名の取り立て・改易・転封への論及は本書の肝である。確かに鎌倉・室町などの武家政権と比較すれば徳川幕府の集権的な性格は際立つが、幕府・大名ともに「公儀」として公共的政治主体との側面を持つと現研究水準では考えられ、強大な幕府権力という観点の相対化が提起されつつある。幕府・藩の公儀性のバランスが、長期にわたる太平の所以でもあろう。

このように、考慮すべき問題が認められるとしても、多方面への目配りは研究細分化の現状のなかでは得がたく、独自の統一的な見通しのもと、幕藩制成立の各段階を幕閣の性格変容との関わりで捉え、具体的な人物像を政治史のなかで浮き彫りにする俯瞰力のある試みは、現在でも学ぶべきアプローチと考える。

（九州大学名誉教授）

本書の原本は、一九六五年に中央公論社より刊行されました。

著者略歴
一九二七年　長崎県に生まれる
一九五九年　東京教育大学大学院博士課程修了
九州大学教授、中央大学教授を歴任。文学博士
二〇一八年　没

〔主要編著書〕
『幕藩体制史の研究』（吉川弘文館、一九六一年、新訂版一九七五年）、『徳川幕閣のすべて』（編著、新人物往来社、一九八七年）、『徳川政権論』（吉川弘文館、一九九一年）、『徳川政権と幕閣』（新人物往来社、一九九五年）、『佐賀藩』（吉川弘文館、二〇一〇年）

読みなおす日本史

徳川幕閣
武功派と官僚派の抗争

二〇二四年（令和六）二月二十日　第一刷発行

著　者　藤《ふじ》野《の》　保《たもつ》
発行者　吉　川　道　郎
発行所　株式会社　吉川弘文館
郵便番号一一三—〇〇三三
東京都文京区本郷七丁目二番八号
電話〇三—三八一三—九一五一〈代表〉
振替口座〇〇一〇〇—五—二四四
http://www.yoshikawa-k.co.jp/
組版＝株式会社キャップス
印刷＝藤原印刷株式会社
製本＝ナショナル製本協同組合
装幀＝渡邉雄哉

ISBN978-4-642-07534-3

読みなおす
日本史

刊行のことば

現代社会では、膨大な数の新刊図書が日々書店に並んでいます。昨今の電子書籍を含めますと、一人の読者が書名すら目にすることができないほどとなっています。ましてや、数年以前に刊行された本は書店の店頭に並ぶことも少なく、良書でありながらめぐり会うことのできない例は、日常的なことになっています。

人文書、とりわけ小社が専門とする歴史書におきましても、広く学界共通の財産として参照されるべきものとなっているにもかかわらず、その多くが現在では市場に出回らず入手、講読に時間と手間がかかるようになってしまっています。歴史の面白さを伝える図書を、読者の手元に届けることができないことは、歴史書出版の一翼を担う小社としても遺憾とするところです。

そこで、良書の発掘を通して、読者と図書をめぐる豊かな関係に寄与すべく、シリーズ「読みなおす日本史」を刊行いたします。本シリーズは、既刊の日本史関係書のなかから、研究の進展に今も寄与し続けているとともに、現在も広く読者に訴える力を有している良書を精選し順次定期的に刊行するものです。これらの知の文化遺産が、ゆるぎない視点からことの本質を説き続ける、確かな水先案内として迎えられることを切に願ってやみません。

二〇一二年四月

吉川弘文館

読みなおす
日本史

境界争いと戦国諜報戦　盛本昌広著　二二〇〇円

邪馬台国をとらえなおす　大塚初重著　二二〇〇円

百人一首の歴史学　関　幸彦著　二二〇〇円

江戸城　将軍家の生活　村井益男著　二二〇〇円

沖縄からアジアが見える　比嘉政夫著　二二〇〇円

海の武士団　水軍と海賊のあいだ　黒嶋　敏著　二二〇〇円

呪いの都　平安京　呪詛・呪術・陰陽師　繁田信一著　二二〇〇円

平家物語を読む　古典文学の世界　永積安明著　二二〇〇円

坂本龍馬とその時代　佐々木　克著　二二〇〇円

不動明王　渡辺照宏著　二二〇〇円

女人政治の中世　北条政子と日野富子　田端泰子著　二二〇〇円

大村純忠　外山幹夫著　二二〇〇円

佐久間象山　源　了圓著　二二〇〇円

源頼朝と鎌倉幕府　上杉和彦著　二二〇〇円

近畿の古墳と古代史　白石太一郎著　二四〇〇円

東国の古墳と古代史　白石太一郎著　二四〇〇円

昭和の代議士　楠　精一郎著　二二〇〇円

春日局　知られざる実像　小和田哲男著　二二〇〇円

伊勢神宮　東アジアのアマテラス　千田　稔著　二二〇〇円

中世の裁判を読み解く　網野善彦・笠松宏至著　二五〇〇円

アイヌ民族と日本人　東アジアのなかの蝦夷地　菊池勇夫著　二四〇〇円

空海と密教　「情報」と「癒し」の扉をひらく　頼富本宏著　二二〇〇円

吉川弘文館
（価格は税別）